汪良发◎著

地方文化与特色高校建设

合肥工業大學出版社

序

汪青松

现在呈现在大家面前的是黄山学院党委书记汪良发同志的著作《地方文化与特色高校建设》，这是汪良发同志用自己的实践经历与创新感悟写成的。

汪良发同志长期在高校工作，先后在文化底蕴深厚的两所高校担任领导职务。这些对他高教思想的形成具有深刻意义。汪良发同志 1992 年至 2003 年在安庆师范学院先后任副院长和党委副书记，分管党的建设特别重视大学生思想政治工作。1998 年我从安徽师范大学被派往安庆师范学院任副院长，汪良发同志给了我很多关心和指导。我亲眼目睹他爱学习、爱读书、爱思考，亲眼目睹他为安庆师范学院创建国家大学生文化素质教育基地建设作出的贡献。

2003 年汪良发同志调任黄山学院任党委书记，黄山学院是在原徽州师专基础上升格的高校。徽州师专与安庆师范学院 1980 年同时被教育部批准成立，是最能反映“安”与“徽”地方特色的高校。

汪良发同志在接受记者访谈时介绍自己前半辈子开头在安庆，后半辈子结尾在徽州，是彻头彻尾的安徽人。真是有缘，我家祖籍在徽州婺源，后迁居安庆怀宁和桐城，我与汪良发同志在同事友情之上多了一份家乡亲情。

汪良发同志说：“我会像热爱安庆一样热爱徽州，热爱黄山学院，真情投入这里的事业并努力为之奋斗。”他是这样说的，更是这样做的。到黄山学院担任书记以来，汪良发同志不仅率领广大师生开创了一所“校在山中、楼在林中、人在画中”的生态型、园林化、人文化的新校区，而且立足地方文化，努力打造一所徽州气派的特色高校。

首先，重视黄山学院徽学研究所建设。黄山学院专家组织撰写《徽学文化十二讲》，出版《徽州古村落文化丛书》；他本人还亲自探讨戴震“民本”思想，包括胡适对戴震的研究；探讨徽州、徽州文化与徽州学，特别是把弘扬徽商精神与加速安徽崛起联系起来研究，凸现地方文化研究的当代意义。

其次，在依托地方、服务地方中探索走特色高校发展之路。汪良发同志努力建设应用型特色高校，打造旅游、园林、人文教育特色专业，培养现代国际旅游人才，为服务地方经济社会发展作贡献。

再次，基于地方文化建设校园文化。在《地方文化与特色高校建设》中，汪良发同志撰写了《论高校校园文化建设的地域特色》、《挖掘地域文化资源　丰富大学文化内涵》、《挖掘地域文化优势，塑造特色校园文化品牌》，都体现了他的立足地方文化开展特色校园文化建设的理念。2007 年，中央电视台与黄山市“同一首歌”大型文艺演出就是在黄山学院举行的，这一文化活动促进了黄山学院的发展，实现了他所提出的校园文化与地方文化在互动中实现双赢。

如今的黄山学院，校园面积达到 1800 亩，校舍面积达到 38 万多平方米，教学仪器设备值 7000 万元，图书资料达到 100 多万册，全日制在校学生 14000 多人，本科专业 39 个，专任教师 800 余人，其中教授副教授近 200 人，博士研究生 40 多人。拥有省级重点研究基地 1 个，国家级特色专业 2 个，省级特色专业1个，省级基础课程实验教学示范中心1个，省级教学示范专业1个，省级示范实验实训中心1个，省级人才培养模式创新实验区1个，省级教学团队1个，省级精品课程5门。设有安徽省非物质文化遗产研究中心等16个研究机构。近几年，每年都能争取到多个国家自然科学基金和社会科学基金资助的研究项目。学校毕业生就业工作连续多年被评为全省高校毕业生工作先进高校。这一系列数字见证了黄山学院的发展，展示了弘扬地方文化与徽州气派的特色高校建设的深刻内涵及深远意义所在。

2010年6月

爱在人间花自开

储朝晖

读完汪良发先生的文集《地方文化与特色高校建设》，脑中深深刻印下的是“爱”字，其中所论述的一件件事，便是“爱”所开出的一朵朵鲜花。

我和汪先生原本素不相识，仅由于我是他现在所任书记的黄山学院的前身徽州师专的学生。自上学时起我便长期把教育研究当作自己的最爱，在一次回母校的时候与汪书记偶然相见。这一相见就有些恨晚之感，原来他也十分喜爱他所做的教育工作。由于我们的所爱有太多的重叠，往来也就不断。

还是先去赏一赏这些花吧。

汪先生做高校的管理工作，不只有做法，还有想法，理论探微中的几篇文章便是他的想法。他的这些想法我虽然不能说完全同意，但作为在他所在工作岗位上的思考，上紧扣国家政策，下紧密结合工作实际，反映了一个具体时间空间里的真实。其中所言“高校发挥创新功能，主要包括：培养富有创新精神、具有创造能力的创新型人才”，确应作为高校改进的中心工作；“要努力创造良好的条件、营造宽松的环境，使高层次人才引得进、留得住、用得好”又是实现这一目标的前提条件。

作者倡导实施德育自育模式，学校“应为学生实施自我管理、自我设计和自我教育提供咨询，加强引导；要推进学生管理模式的改革，德育工作者要转换长期以来‘保姆加管理者’的角色，让学生参与到对自己的管理之中；要改变传统的‘授人以鱼’式的德育教学模式，通过丰富生动的德育教学形式来吸引学生积极主动地参与到教学中来，变被动听讲为自主思考、辨别和选择，使学生达到自我教育的目的”，准确点到了中国学校德育工作的症结；“要求教师转变传统的教学观念，师生之间要建立一种平等、民主、互相尊重的新型关系，使学生成为学习的主动参与者、实践者，注重培养学生的独立意识、创造性和勤奋精神”则提出了有效的解决措施。

2003年后，汪先生全面负责黄山学院的管理工作，他意识到“真正经得起竞争，有立足之本，发展之能的，只能是那些注重内涵建设，追求办学特色，创建特色鲜明的学校”，从办出特色着手，提高学校的竞争力。这一认识和选择是有前瞻性的，也是黄山学院这些年发展的重要动力。确定将“教人求真，学做真人”作为校训，足以立起学校万年不拔的根基。立足地方，彰显自身价值；走向国际，发挥开放办学优势；营造景观特色，让学生在浸润中成长；校在山中、楼在林中、人在画中，这些都是特定环境中创造的结晶。

“教学为本、质量立校，是高校可持续发展的基石，是高校永恒的主题，是一切教学活动的出发点和归宿。”并通过到社会对企业、政府等用人单位的实地调查确定学校的发展思路，确定应用、实践、专业的学院发展取向，为黄山学院找到了符合自身条件的发展方向。

由于前面大半辈子的开头在安庆，后半辈子的结尾在徽州，汪先生说他是个彻头彻尾的安徽人，我也由于在安庆与徽州各生活了17年而成为地地道道的安徽人。这本集子里徽学研究的文章篇目最多，其中涉及哲学、徽商、民俗等方面，尤其是对戴震情有独钟，瞄准戴震的“民本”思想不只是得其要，而且对于现实环境来说也逢其时。徽文化的这一脉远衔春秋之道，近合民主、科学思潮，现与刚刚公布的《国家中长期教育改革和发展规划纲要》所确立的以人为本、育人为本的大原则相通，是继续培养合格公民，造福人类不可多得的思想资源。

校园从本质上说就是人园，汪先生将学校精神概括为“求真求是，博学厚德，百折不挠，负重前行”，以彰显徽州人胡适提出的“努力做徽骆驼”的精神价值；校园文化广场后的逸夫图书馆立面嵌出“经、史、子、集”四个大字，表示这里是知识汇集之场所，周边的石雕刻有“书山”“博学”“勤思”等内容，启示学子们发奋成才；注重校园文化与地域文化的互动互育，这些都可谓独具匠心。

汪先生的韩国之行，认识到高等教育国际化是学校发展的必然追求；更新办学理念，创新办学思路，凝练办学特色是大学发展的路径；在质量、特色上下功夫，有正确的质量观和人才观，有规范的质量标准，有自己的特色，面向社会，自我发展，不断追求卓越是大学全球竞争的生存之道。

然而，坦白地说，包括黄山学院在内的所有大陆高校，思想解放得依然不够，对大学的内在规律依然认识不深，对大学的逻辑依然尊重不到位。由于曾经受行政性评估、片面强调教育为当地经济发展服务等外部因素的影响，未能得到充分有效的发展，以致中国高校在全球大学发展生态中仍处于明显劣势。

大学确实要为社会发展服务，但这种服务绝然不同于加油、理发之类，大学需要更超脱，需要有独立思想和自由精神，只要它在某一专业领域走到人类的前沿，它的服务对象就存在于全球而不必囿于某一地域，就如同“小小休宁，大大万安”、“小小的黟县，大大的渔亭”等徽州民谚所言，万安因其罗盘的精致就能走向世界，黄山学院若能找准发展的特定生长点也能跻身世界一流大学。

香港几所大学发展的例证表明，真正遵循了大学发展的逻辑，十年之内就可跃升世界前沿的大学。希望母校黄山学院有如此志向，并借这次教育改革和发展《规划纲要》发布之机，真诚遵从大学发展的逻辑，站在历史的新起点上，按照陶行知所说的“全局性的通盘筹划”，保护好“徽州万年不拔之基”，实现“徽州人的新使命”，在徽州文化基础上，为人类幸福创造一所全新的大学。

实现这一目标需要汪先生的“至爱给学校，真情为事业”精神，但愿我们凝聚起更大的爱，开放出更多更美的花。

2010 年 8 月 30 日

目　录

●徽学研究

●校园文化研究

● 理论探微

"三个代表"重要思想与高校的改革和发展

江泽民关于"三个代表"重要思想的论述，是对中国共产党80年历史的科学总结，是对党的性质、宗旨、任务和历史责任的全面概括，是总结我国改革开放和社会主义现代化建设的全局、前瞻未来而做出的战略思考和精辟论断，是对马克思主义建党学说的丰富发展。高等学校是党的事业的重要组成部分，是党所领导的建设有中国特色社会主义的重要力量。高校深刻认识和牢牢把握"三个代表"重要思想的精神实质，全面落实"三个代表"重要思想，并用其指导改革和发展，既是一项紧迫的政治任务，也是一项长期的历史任务。

发展先进生产力　高校的地位作用日益凸现

马克思主义认为，人是生产力中最基本、最活跃、最革命的因素。特别是在科学技术迅猛发展的时代，国民素质的提高，智力资源的开发，人力资本的积累，成为经济发展的重要因素。当今世界，科学技术日新月异，知识经济已经来临，经济全球化的趋势不可阻挡，国际竞争日趋激烈。国际竞争和科技竞争，归根到底是人才和知识的竞争。发展的优势蕴藏于拥有知识和科技人才之中。先进社会生产力的发展日益向拥有高科技和高素质人才的国家和地区聚集。从一定意义上说，谁掌握了面向21世纪的教育，谁就能在21世纪的国际竞争中处于战略主动地位。我国的社会主义建设在经济、科技、文化、教育比较落后的基础上起步，要在较短时间内达到经济发达国家经过几百年历程达到的生产力发展水平，后来居上，更要集中力量，大力发展科技和教育，更快更多地培养高素质的创新人才，充分发挥人才智力和科技生产力在经济、社会发展中的重大推动作用。21 世纪我国社会主义现代化建设和中华民族的伟大复兴呼唤着教育和科技的振兴。“科教兴国”战略正是顺应这一历史发展的必然抉择。对此，邓小平以战略家的远见卓识，充满信心，早就断言：“我们多次说过，我国的经济，到建国一百周年时，可能接近发达国家的水平。我们这样说，根据之一，就是在这段时间里，我们完全有能力把教育搞上去，提高我国的科学技术水平，培养出数以亿计的各级各类人才。”[1](P120)

21 世纪的高校随着知识经济的发展将日益显露出其重要的社会地位，它的作用也会在知识经济社会中得到更充分的发挥。生产力的发展，社会的进步迫切呼唤高校提供大量的人才支持和智力贡献，把高校推到社会的中心地位。“农业经济时代，大学游离于经济社会之外；工业经济时代，大学徘徊在经济社会的边缘；知识经济时代，大学走进经济社会的中心。”[2](P249)面向现代化的高校，已不是过去那种单纯传授知识的场所，它是研究、创造和传播先进科学文化的重要基地，又是先进社会生产力不断发展的源泉之一，同时是培养高素质劳动者和合格接班人，造就掌握和使用先进生产力主体的摇篮。

高校承担起发展先进生产力的重大使命，必须以“三个代表”重要思想为指导，转变教育观念，在办学指导思想上实现新的飞跃；必须深化教育改革，大胆改革培养人才的旧模式，改革传统的教学内容、课程设置和教学方法，注重素质教育，以学生为主体，以育人为根本，构建适应知识经济和社会主义市场经济发展需要的教学体系；必须努力探索高等教育面向现代化、面向世界、面向未来的发展途径。与此同时，高度重视发挥科技与人才促进生产力发展的作用，增强高校科技创新能力及促进科研成果向现实生产力转化的能力，从而促进我国生产力水平的提高，缩小与世界发达国家的差距，为我国经济社会的快速、持续、健康发展做出应有的历史性贡献。

建设先进文化　高校肩负的责任更加重大

先进文化是人类文明进步的结晶，是推动人类社会前进的精神动力和智力支持，影响人的精神生活，渗透于社会各个方面，决定着一个政党、国家和民族的素质、能力和兴衰。江泽民提出党要代表先进文化的前进方向的思想，明确了先进文化在全党工作中的重要位置。高等学校在这方面肩负起什么样的责任，如何完成这一重大使命，这是必须认真思考和回答的重大问题。

我国高等学校肩负着为社会主义现代化建设事业培养“四有”新人的重任，是精神文明建设的重要基地，对文化的发展具有继承、吸收、创造传播的功能。首先，高校通过有选择地、系统地、大规模地、持久地教学活动和努力，可以把民族优秀传统文化一代又一代地传播下来，让文明之光生生不息；其次，高校在继承本民族优秀传统文化的同时，善于吸收、借鉴世界各民族的优秀文化，在中外文化的融合、碰撞中，根据时代需要，努力创造出新的文化成果，不断地把有中国特色的社会主义文化推向前进；再次，高校在培养人才的过程中，建设先进文化。先进文化是在培养专门人才的过程中传播和创造的，专门人才又是先进文化熏陶哺育出来的。因此，高校在建设先进文化中，有着独特的优势和重大的责任。

高校落实“三个代表”重要思想，切实承担起建设先进文化的历史责任：

首先，要坚持社会主义办学方向，坚持党对高校的领导，坚持全面贯彻党的教育方针。在当代世界风云变幻、中国改革开放和现代化建设处于攻坚克难的条件下，高校的文化建设遇到了许多新的冲击和挑战。由于高校的特殊地位和作用，高校成为各种思潮汇集、相互激荡的前沿，成为西方文化渗透的重点，成为各种非马克思主义、反马克思主义思潮与我们党争夺青年一代的重要领域。有极少数人散布种种错误观点。如政治上主张多党制和“三权分立”，经济上主张私有化，指导思想上主张多元化，历史上鼓吹民族虚无主义，价值观念上鼓吹个人主义等。这些错误、消极的东西，影响恶劣，十分有害。我们要保持高度警惕性，始终坚持社会主义办学方向，坚持党的领导，在大学生中，要重视马克思主义理论和思想品德课的教学，特别是重视邓小平理论的“三进”工作，用邓小平理论构筑当代大学生的精神支柱，教育年轻一代树立正确的世界观、人生观和价值观，使他们成为有理想、有道德、有文化、有纪律的优秀人才。

其次，高校担负起建设先进文化的任务需要不断创新。文化的先进性，在于文化建设的与时俱进，不断超越，大胆创新。21 世纪知识经济的发展，对我国高等教育的改革、发展带来机遇与挑战。高校要从以传授已有知识为中心的传统教育转化为着重培养学生创新精神的现代教育，不仅要适应未来社会，而且要引导、改造未来社会。高校发挥创新功能，主要包括：培养富有创新精神、具有创造能力的创新型人才；开发科技含量高的科研产品；创造性地为社会服务；创造性地引导社会发展方向。江泽民最近在清华大学九十周年校庆大会上讲话，要求高校“应该成为继承传播民族优秀文化的重要场所和交流借鉴世界进步文化的重要窗口，成为新知识、新思想、新理论的重要摇篮，努力创造和传播新知识、新理论、新思想，不断促进社会主义文化的发展”。高校要按照总书记的要求，发挥人才、知识、智慧聚集的优势，努力建设先进文化，这是时代的需要，也是高校责无旁贷的历史使命。

再次，高校建设先进文化，要重视营造健康的校园文化氛围。校园文化是在弘扬社会主导文化的背景下，以学校为主导，由师生共同参与创造的一种独特的亚文化。校园文化以其独有的精神环境和文化氛围，使生活于其中的每个大学生有意无意地在思想观念、行为方式、价值取向等诸方面受到影响。校园文化是社会文化的缩影，校园文化建设的发展进程就是对社会文化了解、吸收、整合、内化的过程。校园文化源于社会，又高于社会，它为大学生的个性发展和创造精神的塑造提供了广阔的舞台。高校在落实“三个代表”重要思想中，要把校园文化建设同精神文明建设结合起来，通过高雅、健康、丰富多彩的校园文化活动，营造优良的校园文化氛围，塑造校园精神，提高生活品位，培养大学生的个性特长、创新精神和实践能力，形成自己的办学特色和办学传统，促进人类文明的健康发展。

一切为了人民，高校改革发展任重道远

“三个代表”重要思想是统一的整体，三者相互联系、相互促进，统一于建设有中国特色社会主义的伟大实践。“三个代表”重要思想中，把代表最广大人民群众的根本利益作为代表先进生产力发展要求和先进文化前进方向的出发点、落脚点和归宿，体现了党的根本任务与根本宗旨的辩证统一。历史唯物主义认为，人民群众是改造自然和改造社会的主体，是推动社会历史发展的根本力量，党的一切工作都是为了解放人民、造福人民，以民为本。教育工作是涉及广大人民群众根本利益的千秋工程。反映人民群众的愿望，代表人民群众的利益，这是新的历史条件下深化高校改革、推动高校发展的出发点和归宿。

在新的历史条件下，高校怎样实践“代表中国最广大人民的根本利益”呢？

第一，必须加快发展高等教育，满足人民群众接受更高更好教育的愿望。中华民族具有尊师重教、望子成龙的优良传统。尽量让子女接受更高更好的教育，是广大人民群众的共同愿望。我国的高等教育受多方面因素的制约，长期以来，只是

少数人享有的机会。为最大限度地满足广大人民群众的需求，迫切需要进入高等教育大众化的发展阶段。按照国际上通行的划分标准，高校在校生人数占适龄人数（18～22岁）的比率，在15%以内为精英型高等教育阶段；15%～50%为大众型高等教育阶段；50%以上为普及型高等教育阶段。世界上发达国家的高等教育大多已进入大众型阶段，我国目前高教毛入学率尚在11%左右。党和政府决定加快发展高等教育，以确保到2005年高教毛入学率达到15%左右的目标。这是实施科教兴国战略、满足人民群众对教育需要的重大举措。高校要积极创造条件，挖掘办学潜力，自我加压，抓住机遇，加快发展，坚持人民利益高于一切，切实保证这一目标的实现。

第二，必须重视教育质量，努力培养献身祖国、服务人民的优秀人才。世纪高等教育面临着知识经济的严峻挑战。“国运兴衰，系于教育；教育振兴，全民有责。”[3]21世纪中国能否实现文化复兴，强国富民，能否跻身于世界强国之林，关键取决于教育，特别是高等教育所培养的人才的数量和质量。高校培养新世纪需要的优秀人才，必须始终贯彻素质教育的原则，坚持思想品德教育与知识能力培养并重，理论与实践并重。培养学生学会学习、学会生活、学会做人、学会与他人相处；培养学生对社会主义的坚定信念，对人民群众的浓厚感情，引导他们关心人民利益，自觉将个人价值实现与服务祖国人民统一起来，将自己的理想、抱负与时代和人民的要求结合起来，教育青年学生自觉走与社会实践、与工农群众结合的成才道路，从人民群众中吸取智慧和营养，在实践中增长才干，把自己所学的理论知识用于报效祖国和服务人民，不断激发为民造福、为国奉献的热情，始终保持奋发向上的精神状态和人民至上的责任意识，实现中华民族的伟大复兴。

第三，必须加强高校领导班子的建设，努力实践党的宗旨。实践“三个代表”要求，领导班子是关键。代表广大人民群众的根本利益，领导干部是方向，是楷模。高校领导班子和领导干部要牢固树立教师是民主办学主体的思想，真心实意尊重和依靠广大教师，充分发挥广大教职工教书育人、管理育人、服务育人的积极性。广大教职工是推进学校改革与发展的根本动力。培养高素质人才，关键要有高素质的教师队伍。高校领导班子和领导干部要时时想着教职工，事事关心教职工，把广大教职工的积极性引导好、保护好。要努力创造良好的条件、营造宽松的环境，使高层次人才引得进、留得住、用得好。

［参考文献］

［1］邓小平文选：第三卷［C］．北京：人民出版社，1993.

［2］张彤，唐德海，蒋士会编著．现代教育圣经［M］．广州：广东旅游出版社，2000.

［3］江泽民．在第三次全国教育工作会议上的讲话［M］．北京：高等教育出版社，1999.

（收载于《思想政治教育》人大复印资料 2001 年第 12 期）

试论高校德育工作的着力点

党的十六大报告对加强思想道德建设提出了新的要求，为新形势下的高校德育工作提供了重要启示，指明了发展方向。高校担负着培养社会主义“四有”新人、促进人的全面发展的历史重任。我们要切实按照党的十六大提出的要求，全面推进素质教育，重视思想道德建设，找准高校德育工作的着眼点，把握高校德育工作的着力点。

一、重视德育工作，牢固树立德育在素质教育中的核心地位

学校在全面推进素质教育时，必须把德育放在首要地位。这是因为，学校的一切工作在于育人，而育人的重点在于育魂。德育的地位与作用，历来被国内外社会各界所重视。19世纪德国教育学家赫尔巴特就认为，教育的目的在于培养“具有完美德行”的人。美国教育家麦克唐纳则更加明确地指出：“光有品行没有知识是脆弱的，但是没有品行光有知识是危险的，是对教育的潜在威胁，能力不足，责任可补，责任不够，能力无法补，能力有限，责任无限。”由此可见，以德育为核心，是人的素质发展、人才培养之关键。我国党和政府也极为重视高校德育工作，社会主义“四有”高素质人才培养目标的提出，为我国现阶段培养全面发展的新人提供了具体标准。江泽民同志在第三次全国教育工作会议上指出：“要说素质，思想政治素质是最重要的素质。不断增强学生和群众的爱

国主义、集体主义、社会主义思想是素质教育的灵魂。”

党的十六大报告强调“特别要加强青少年的思想道德建设”。为此，高校在德育工作中，要深入持久地对学生进行爱国主义、集体主义和社会主义主旋律教育，使其树立起爱国主义情感，实践爱国主义行动；要把理想信念教育作为高校德育的核心。高校德育工作者应该引导学生正确认识我国社会主义的发展阶段及其主要矛盾，认清中国共产党的性质及其历史使命，从而确立起为建设中国特色的社会主义事业而努力奋斗的理想信念。同时，要把职业道德教育作为德育的一个重点。职业道德水准的高低目前已经成为大学生整体素质评价的一个重要指标，主要包括敬业精神、团队精神、认真负责的工作态度、遵纪守法的自觉性以及诚实守信等品质。只有牢牢把握德育在素质教育中的核心地位，才能培养一批立足并服务于社会各条战线的有用之才。

二、德育要渗透到教育的全方位和全过程中，以培养德智体全面发展的人才

在全面推进素质教育的进程中，党和政府对德育工作极为重视，明确提出学校教育不仅要抓好智育，更要重视德育，还要加强体育、美育、劳动技术教育和社会实践。然而，在时下的不少高校，重智育而轻德育的“一手硬，一手软”的情况十分普遍，大学生的思想道德状况和学校的德育效果不容乐观。事实上，即便各高校普遍开设了“马克思主义理论”与“思想品德”这“两课”，但在提高学生的思想道德水平方面效果并不明显，学生对“两课”的最大意见是“理论脱离实际”，而教师最大的困惑是“理论与现实的矛盾”。之所以会造成这样的问题，其症结在于高校德育课程的教学与其他智育课程教学的脱离，德育课程于是成为教条化的理论灌输，而没有同社会实践，没有同学生所关心的社会问题联系起来，缺乏时代特色。为此，作为高校主渠道、主阵地的“两课教学”，

乃至整个德育，必须同其他诸育，特别是智育紧密结合起来，才能收到事半功倍的效果。

前苏联伦理学家德罗布尼斯基在《道德的概念》一书中指出：不要把道德从人的活动中分离出来，道德不是区别于社会现象中的特殊现象；不能限定道德的空间范围，道德渗透在社会生活的一切领域，无时不在，无地不在。这段话告诉我们，既然道德活动包含在人类各种活动之中，那么，思想道德教育也就不是仅仅通过德育课程就能完成的，而是要渗透到教育的诸学科中去，即渗透到智育、美育、体育中去。那种认为德育就是“两课”教师的事，是专职政工人员的责任的思想，无疑是非常片面的。高校各类专业课程的教师必须承担起“教书育人”的重任，教书是手段，育人才是目的，而育人则内在地包含了德育；德育则应该以教育为依托。高校各类课程的教师，要充分结合自己的教学内容，通过不同的角度，渗透思想道德教育，承担起一定的德育工作责任。这样，大学生在智、体、美水平提高的同时，其德育水平也会在潜移默化中得到提升，从而成为各方面都能得到发展的综合型人才。

三、发挥大学生的主体性作用，加强对大学生自育模式的探索

在当前各高校的传统德育教学中，普遍存在教学模式单一、忽视学生主体性特征、把学生单纯视为被动的接受者等问题，这在很大程度上影响了德育工作的实效。社会的发展和时代的进步，使这种传统的教学模式变得越来越不适应，这就要求我们必须去探索适应社会发展和大学生特点的全新德育模式。高校德育要充分发挥其在德育活动中的自主性、积极性、能动性和创造性。要重视学生的个体体验，要着眼于唤醒学生成长的内在动机和潜在动力，从而使教育成为一个自觉自愿的过程。高校德育要积极探索一条自育模式。这一模式的核心在于，既要把大学生作为德育的客体，又要将其作为主体来对待，学校在实施德育教学过程中，要充分发挥大学生的主观能动性，激发学生的参与意识，体现学生的主体行为，尽量使学生通过自身体验、感受和行动，来达到预定的德育目标。为了确保自育模式的实施，学校应在推行弹性学分制和选课制，学生有更多自由支配时间的新的情况下，为学生实施自我管理、自我设计和自我教育提供咨询，加强引导；要推进学生管理模式的改革，德育工作者要转换长期以来“保姆加管理者”的角色，让学生参与到对自己的管理之中；要改变传统的“授人以鱼”式的德育教学模式，通过丰富生动的德育教学形式来吸引学生积极主动地参与到教学中来，变被动听讲为自主思考、辨别和选择，使学生达到自我教育的目的。总之，在实施德育的自育过程中，学校可以根据实际情况，灵活多样地开展各项活动，让学生通过活动的参与来实现思想的净化。

四、加强师德建设，提高教师队伍素质

在实施德育的过程中，高校教师肩负着比以往任何时候都更加艰巨的使命，因为教师的道德素质具有示范作用，教师的一言一行对学生有着重要的道德影响力。“学高为师，身正为范。”教师不仅要讲授知识，更重要的是要以自己高尚的人格为学生提供一种道德楷模。前苏联教育家苏霍姆林斯基曾这样说：“请你记住，你不仅是自己学科的教员，而且是学生的教育者、生活的导师和道德的引路人。”实践也证明，强烈的事业心、崇高的责任感、良好的师德修养和人格力量，是高校教师实施德育、提高学生道德水平的重要前提和保证。邓小平同志早就指出：教师很重要，一定要选好，要有一个好的教师队伍。在新的历史时期，高校在注重学生德育工作的同时，一定要切实加强教师综合素质的培养，否则德育工作就会成为无本之木、无源之水。

具体来说，提高教师队伍的综合素质必须落实到以下几个方面：一是教师应该在德育工作中实现角色的转换。新教学模

式要求教师转变传统的教学观念，师生之间要建立一种平等、民主、互相尊重的新型关系，使学生成为学习的主动参与者、实践者，注重培养学生的独立意识、创造性和勤奋精神。二是提高教师的政治素质和师德素养。高校教师是塑造大学生灵魂的工程师，过硬的政治素质是教师培养合格人才的关键，也是高校教师素质修养的灵魂。高校教师必须在政治上保持清醒的头脑，确立坚定的政治立场、正确的政治观点和高度的政治责任感。同时，加强师德建设是高校教育工作的另一个重要方面，它通过示范作用影响到学生的道德情操。高校要通过系统的师德培训，使广大教师具有高尚的师德素养，这包括强烈的事业心、高度的责任感、积极的工作态度以及良好的个人修养。三是强化对教师的继续教育和培训工作，不断提高教师的学识水平。要让教师在开展正常教学工作之余，有充足的时间和精力投入再学习之中，不断补充新的知识，提高自身的学识水平，把体现时代发展的最新科技文化知识传授给学生，引导他们向科学的最前沿学习，为国家富强和民族振兴不断拼搏。作为高校教师，应该从自身做起，在政治、道德、学识水平等方面充当学生的引路人，培养学生的知识技能，把握好学生的道德航标。只有这样，才能培养出社会主义现代化建设所需要的合格有用之才。

（发表于《学校党建与思想教育》2003 年第 6 期）

中国特色社会主义是当代中国发展进步的旗帜

在中国特色社会主义发展进入新的历史时期的关键时刻，胡锦涛总书记在“6.25”重要讲话中，高瞻远瞩，旗帜鲜明地强调：“中国特色社会主义是当代中国发展进步的旗帜，是全党全国人民团结奋斗的旗帜。我们必须始终不渝地坚持以邓小平理论和‘三个代表’重要思想为指导，深入贯彻落实科学发展观，毫不动摇地坚持和发展中国特色社会主义。”这是历史的必然，是时代的呼唤。

一

古老的中华民族曾经有过令人骄傲的辉煌历史。1840 年鸦片战争以后，中国沦为半殖民地半封建社会，中华民族到了亡国灭种、生死存亡的关头，中国人民处于积贫积弱的水深火热之中。中国人民为了寻找民族生存和解放、祖国独立和富强的道路，前仆后继，进行了各种不屈不挠的斗争和尝试，但都以失败而告终。到 1921 年中国共产党成立，把马克思主义与中国革命实际结合，经过 28 年艰苦卓绝的斗争，终于取得了新民主主义革命的胜利，推翻三座大山，从此中国走上了社会主义道路，开始了实现民族振兴的新的历史征程。

新中国的社会主义建设，选择什么样的发展模式、走什么样的发展道路，至关重要。在新中国建立后相当长的一段时间里，我们基本上照搬苏联的传统社会主义模式。这一模式在赋予中国巨大成就的同时，也随着历史条件的变化逐渐显露其弊端，我们为此付出了沉重的代价。显然，超越苏联模式，走出一条建设社会主义的新的道路，成为中国共产党面临的一个时代性课题。

党的十一届三中全会之后，邓小平在深刻总结社会主义建设正反两方面的经验，科学分析国情和时代特征的基础上，紧紧抓住“什么是社会主义，怎样建设社会主义”这个基本问题，第一次比较系统地对社会主义的本质、发展道路、历史阶段、根本任务、发展动力、外部条件、政治保证、战略步骤、党的领导和依靠力量以及祖国统一等一系列基本问题进行了初步回答，并且最先提出了“中国特色社会主义”这一新命题。“中国特色社会主义”，一是社会主义，二是中国特色，它们是辩证的统一体。社会主义是中国发展的正确道路，中国共产党的旗帜，是前进的方向。中国特色是发展模式，是基于我国特殊国情的发展阶段，是中国共产党所选择的一种既适合中国国情，又适合时代潮流，并能将中华民族引向美好未来的最佳发展模式。

中国特色社会主义道路，经过近 30 年的成功实践，取得了举世公认的伟大辉煌。且看今日中国，经济始终保持持续健康发展的良好势头，年均以 9.67% 的增长速度向前发展，远高于同期世界经济年均 3% 左右的增长速度。中国经济总量跃居世界第四位。社会政治长期保持清明稳定，综合国力不断增强，国际地位不断提高。在全球范围内中国风景这边独好，华夏神州如此多娇。人民生活日益改善，正全面向小康目标迈进。每一位炎黄子孙，无不为改革开放 29 年来的辉煌成就而骄傲，每一位华夏儿女，无不为中华民族的腾飞而自豪。人们有足够理由坚信，中国特色社会主义道路是一条强国富民的康庄大道，我们走对了，也走定了。对此，胡锦涛同志在中央政治局第十七次集体学习会上，做了精辟的总结概括：“当今世界和中国的实践都表明，一个国家要实现经济社会发展，实现长治久安，必须找到一条既适合自己国情，又符合时代要求的发展道路。从改革开放的伟大实践中，从历史比较和国际观察中，我们更加深刻地认识到，中国特色社会主义道路是我国进一步实现民族振兴、国家富强和人民幸福的必由之路、成功之路、胜利之路。我们必须从党和国家兴旺发达和长治久安的高度，从中华民族伟大复兴的高度，进一步增强坚持走中国特色社会主义道路的自觉性和坚定性，坚定不移地坚持党的基本理论、基本路线、基本纲领、基本经验，团结带领全国各族人民把中国特色社会主义事业不断推向前进。”[1]

二

伟大的实践需要伟大的理论，伟大的实践产生伟大的理论。中国特色社会主义不仅极大地推动了我国经济社会又好又快的发展，而且极大地推进了中国特色社会主义理论的产生，推进了中国化马克思主义的发展。中国特色社会主义理论起始毛泽东，形成于邓小平，发展于江泽民，深化于胡锦涛。

寻找一条中国模式的社会主义发展道路，是伟大探索者毛泽东一生的理想和执著追求。毛泽东把马克思主义普遍真理和中国社会的具体实际结合起来，沿着马克思主义中国化这一思路，提出了一系列丰富和发展马克思主义的理论主张。在当时只有苏联一种社会主义模式的历史背景下，毛泽东在寻找中国自己的社会主义发展道路上突出强调“以苏为鉴，走自己的路”的正确主张。在这一艰苦的探求过程中，既积累了成功的经验，也留下了深刻的教训。

邓小平在毛泽东探求的基础上，总结成功的经验，汲取失败的教训，准确把握时代主题的变化，不断创新发展。邓小平提出：“我们的现代化建设，必须从中国的实际出发。无论是革命还是建设，都要注意学习和借鉴外国经验。但是，照抄照搬别国经验、别国模式，从来不能得到成功。这方面我们有过不少教训，把马克思主义的普遍真理同我国的具体实际结合起来，走自己的路，建设有中国特色的社会主义，这就是我们总结长期历史经验得出的基本结论。"[2]建设中国特色社会主义的主题的确立，是社会主义重新认识的第一个重大成果，是邓小平理论的最高范畴，它被概括出来，标志着建设中国特色社会主义新道路的形成。作为以邓小平为核心的党的第二代领导集体智慧结晶的邓小平理论，第一次比较系统地回答了中国这样一个经济文化比较落后的国家关于如何建设社会主义的一系列历史性难题，使我们对社会主义的认识提高到一个新的水平。这一弥足珍贵的中国特色社会主义理论，即中国化的马克思主义，具有鲜明的时代特征和符合中国国情的中国特色。

以江泽民为核心的党的第三代中央领导集体，同前两代中央领导集体一样，极富于理论思维，具有与时俱进、不断创新理论的不凡品格。在领导全党全国人民推进中国特色社会主义各项事业的实践中，江泽民不断总结新经验，借鉴当代人类文明的有益成果，在理论上不断拓展新视野，形成新认识，作出新概括。江泽民在回答新的历史条件下"建设一个什么样的党，怎样建设党"这个重大时代课题的同时，进一步从诸多方面回答了"什么是社会主义，怎样建设社会主义"这一重大历史课题，在此基础上提出了"三个代表"重要思想。"三个代表"重要思想的提出，表明我们党对共产党执政规律、社会主义建设规律和人类社会发展规律的认识，达到了新的理论高度，开辟了马克思主义发展的新境界。

以胡锦涛为总书记的党中央，在牢固确立毛泽东思想、邓小平理论、"三个代表"重要思想三大理论成果指导作用的同时，牢记历史使命，深刻思考和研究理论强党、思想富国的重大意义，不断用时代精神和实践经验丰富和发展这一科学理论。胡锦涛提出科学发展观并且强调："科学发展观第一要义是发展，核心是以人为本，基本要求是全面发展，根本方法是统筹发展。"科学发展观使我们对中国特色社会主义道路的认识更成熟、更全面、更深刻，它是马克思主义中国化的最新成果。

三

站在新的历史起点上，我们要继续深化对中国特色社会主义的研究和探索。回顾总结近30年的生动实践和理论探索，有很多有益的启示，值得倍加珍视。

自觉做到“四个坚定不移”。胡锦涛总书记讲话中提出要坚定不移地解放思想；坚定不移地推动改革开放；坚定不移地促进科学发展、社会和谐；坚定不移地为全面建设小康社会而奋斗。“四个坚定不移”指明了当代中国特色社会主义的思想保证、强大动力、基本要求和奋斗目标。解放思想，这是党的思想路线的基本要求，中国特色社会主义道路发展的过程，就是解放思想的过程。在当前国际国内形势下，只有坚定不移地解放思想，才能不断开创中国特色的社会主义的新局面。坚定不移地推进改革开放，是发展中国特色社会主义的强大动力。社会主义只有大胆改革开放，不断改革开放，才能焕发出蓬勃的生机和旺盛的活力。但是，改革开放任何时候都必须坚持社会主义方向，必须是社会主义制度的自我完善。科学发展、社会和谐是实现经济社会又好又快发展的必然要求，是在新的历史条件下进行理论创新的成果。科学发展、社会和谐是深邃思考的结晶，是实践经验的总结，是我们的工作体现时代性、把握规律性、富于创造性的行动指南。全面建设小康社会，是全国各族人民的根本利益所在，我们必须努力为之奋斗。全面建设小康社会目标实现，中国特色社会主义必将更加灿烂辉煌。

理论创新不能停顿。一个民族、一个国家想要发展，想要走向繁荣和昌盛，以强者姿态跻身于世界民族之林，必须有科学而且不断发展的理论做指导。中国共产党是一个重视理论思维，善于理论创新的党。这也是中国特色社会主义不断取得辉煌的优势所在。在中国特色社会主义伟大实践中产生的邓小平理论和“三个代表”重要思想是马克思主义中国化的新成果，它与马克思主义、毛泽东思想既一脉相承，又与时俱进，所以，具有强大的生命力。胡锦涛同志曾讲到："中国特色社会主义是不断发展的事业，我们在前进中还会遇到这样那样的新情况、新课题，还要进行新的实践和新的探索。正如江泽民同志所指出的：'要使党和国家的事业不停顿，首先理论上不能停顿。否认马克思主义的科学性，丢掉老祖宗，是错误的，有害的；教条式地对待马克思主义，也是错误的，有害的。我们一定要适应实践的发展，以实践来检验一切，用发展着的马克思主义指导新的实践。'全党同志必须认识到，我国社会主义的自我完善和发展还有许多重大课题需要进一步探索和回答，还有大量工作需要去做。"[3]胡锦涛同志的"6.25"重要讲话内涵丰富，思想深刻，既是对现实课题探索的回答，又是理论创新与实践探索的崭新起点。

充分尊重人民群众的主体地位。人民群众是历史创造者和社会发展的根本动力。毛泽东明确指出："人民，只有人民，才是创造世界历史的动力。"中国共产党为人民而诞生，为人民而革命，为人民而谋求幸福。党的全部工作必须坚持尊重社会发展客观规律与尊重人民历史主体地位的一致性，坚持为实现崇高理想而奋斗与为最广大人民谋利益的一致性，坚持对党负责和对人民负责的一致性。必须始终坚持"一切为了群众，一切依靠群众"这一党的根本宗旨。科学发展观的核心是以人为本，就是要把满足人的全面需求和促进人的全面发展作为经济社会发展的根本出发点和落脚点。人民群众既是先进生产力和先进文化的创造者，又是其成果的享有者。

加强党的执政能力建设。中国共产党作为长期执政的党，提高执政能力是一项根本任务，也是关系社会主义兴衰成败、关系中华民族前途命运、关系党的生死存亡和国家长治久安的一个重大战略课题。在社会主义条件下发展市场经济，实现社会主义和市场经济的结合，既是一个伟大的创举，又是一个全新的课题。新形势、新任务要求党要有更高的领导水平和执政水平，要有更强的抵御风险和拒腐防变的能力，要永葆蓬勃的朝气、浩然的正气和昂扬的锐气。而要做到这些，就必须加强党的执政能力建设，这是中国特色社会主义取得更大胜利的根本保证。

[参考文献]

[1] 胡锦涛. 在中央政治局集体学习时的讲话［N］. 人民日报，2004-12-03.

[2]《邓小平文选》第三卷. 人民出版社，1993：2-3.

[3] 胡锦涛. 在“三个代表”重要思想理论研讨会上的讲话［N］. 人民日报，2003-07-02.

（发表于《安庆师范学院学报》2007 年第 5 期）

论大学生的荣辱观教育

胡锦涛总书记提出的“八荣八耻”为主要内容的社会主义荣辱观是科学发展观的重要组成部分，是马克思主义道德观的精确概括，是新形势下对广大青少年进行社会主义思想道德教育的重要指针，也为大学生应该怎样做人、做什么样的人提出了具体要求。我们必须重视大学生的社会主义荣辱观教育，把树立社会主义荣辱观作为思想道德建设的基础性工程和长期任务，切实抓紧抓好。

一

“八荣八耻”是新时期道德规范的新要求、新标准、新尺度，它的重大意义和作用体现在：

具有很强的民族性，继承并发展了中华民族历久弥新的民族精神和传统美德。中华民族之所以伟大而历久弥坚，就在于它高度重视核心价值观的确立，重视育德。核心价值观是治国安邦之纲，伦理道德是人们安身立命之根本。自从华夏民族从蒙昧时代进入文明时代伊始，我们的祖先就意识到国家的核心价值观和人们的道德素质对我们民族的生存、发展和繁荣的重要作用，一代一代的圣贤能人从不同的角度、不同的侧面表示了对这一问题的极大重视，提出了道德建设的意义、途径和方法。古代先贤曾说：“礼、义、廉、耻，国有四维，四维不张，国乃灭亡。”古人认为，从治国安邦的高度来看，兴贤育德、以德化民是繁荣昌盛的必由之路。时代发展到今天，在全面建设小康社会的历史背景下，胡锦涛总书记本着科学执政的理念，从德法兼治的高度，从构建和谐社会的目标出发，从众多传统道德中凝练精华，审视当今世界的发展变化，提出“八个为荣、八个为耻”的荣辱观，体现着社会的价值导向，为新的历史条件下的道德生活、道德建设、道德评价指明了方向，提供了准则。

具有很强的时代性，是时代精神的鲜明表达。作为一种先进思想的文化是渊源于历史、反映时代发展、注入时代内容、充满时代活力、体现时代精神的价值意蕴，有其鲜明的时代特征。社会主义荣辱观紧贴当前社会发展中存在的一些问题，体现了在落实科学发展观，推进和谐社会建设中亟待树立的思想观念。当我国改革开放加速了现代化进程时，新形势下的思想道德建设出现了许多新问题、新内容、新特点和新要求。“八荣八耻”涵盖了人生观、世界观、价值观等多方面的内容，为大学生思想道德教育注入了新的内涵，完满地回答了道德教育的时代要求，为大学生在当今时代判断价值取向、行为得失，作出合理选择，提供了基本规范。

具有很强的现实针对性，是我国应对全球化挑战和完善社会主义市场经济体制的必然要求。随着改革开放的深入，中国由一个封闭的社会变成一个开放的社会，进入了广泛的国际交流的格局。经济全球化的影响，不仅国外的资金、资本、技术、管理方法来到中国，他们的人员，连带他们的文化、思想、习俗、生活方式、价值观念等随之进入中国，形成东西方文化和价值观念相互碰撞和激荡，进一步催生了价值观念的多样化。随着市场经济的发展，人们的主体意识增强，在经济成分、组织形式、就业方式、分配方式、生活方式多样化的条件下，人们的价值取向也日趋多样化。人们对到底什么才是正确的世界观、人生观、价值观存在模糊认识，甚至出现了一些是非、善恶、美丑、荣辱颠倒的现象。社会主义荣辱观的提出，明确回答了社会主义社会什么是光荣、什么是耻辱，为我们在新形势下明辨是非、区分善恶、分辨美丑指出了方向，提出了具体标准和规范，不仅旗帜鲜明，内容具体，而且有对照、可比较，有很强的操作性和现实针对性。

大学生是祖国的希望、民族的未来，其思想道德素质如何，直接关系到国家的命运，关系到社会主义事业的成败，关系到中华民族的兴衰。因此，胡锦涛总书记提出，要引导青少年树立社会主义荣辱观，这既充分体现了以胡锦涛同志为总书记的党中央对青少年一代的亲切关怀和殷切期望，也表明了大学生树立社会主义荣辱观的重要性。

二

高等学校承担着人才培养、知识创新和传承文明的重要使命，理应在弘扬和实践社会主义荣辱观方面走在社会前列，切实发挥好引领、示范和辐射作用。将社会主义荣辱观教育贯穿到人才培养的全方位、全过程，是高校的根本任务。

大学生的社会主义荣辱观教育，就是要按照社会主义荣辱观的基本要求，对大学生参与的日常学习、生活和社会实践所表现出的各种行为做出肯定与否定、褒与贬、光荣与耻辱的识别和评价，并通过严格的制度建设，坚持正面引导等措施，使大学生能自发地以“热爱祖国、服务人民、崇尚科学、辛勤劳动、团结互助、诚实守信、遵纪守法、艰苦奋斗”作为人生准则，激发大学生的崇高精神追求，使之蔚然成风。

从总体上看，绝大多数大学生有着强烈的使命感和责任感，善恶分明，立场坚定，自尊、自强。但是，在当前社会转型和变革的大环境下，文化和价值观多元化的冲击，大学生失去了道德准则，在错杂的是非善恶面前不知何去何从，一些大学生是非不分、善恶美丑界限混淆，实用主义、功利主义倾向明显，主要表现为：

1. 理想信念淡化，社会责任感差。一个人的成长与发展，离不开远大的理想、坚定的信念和强烈的社会责任感。而今，一些大学生受国际和国内诸多因素的制约和影响，不同程度地存在理想信念模糊、政治信仰迷茫、价值取向扭曲、国家和民族意识淡薄、社会责任缺乏等问题。

2. 重利轻义、不讲诚信。诚信是道德之基，人无信不立。所以，全社会应该大力提倡诚信，做老实人，说老实话，办老实事。现在有些学生做人不讲真善美，过分看重自己的私利。为了实现自己的利益，不惜损人利己、见利忘义。近年来屡禁不止的考试作弊、论文抄袭、弄虚作假等现象，在一定程度上反映了部分学生的毛病。

3. 放松自律、公德意识差。当代大学生注重自立、自强，重视个性的张扬和发挥，这是应该的。但有些学生缺乏自我约束和自我管理，不讲公德，做出一些不文明的举动，如损坏公物、随处乱扔垃圾、破坏公共秩序、不守纪律，甚至打架、斗殴、偷窃、赌博等。

4. 耻荣倒错，美丑不辨。有些大学生人文素质、人文关怀、人文追求不重视，道德水准已很低，在是非、善恶、荣耻、美丑观念上发生了不同程度的扭曲和错位，好的正确的东西不去追求，丑恶的东西视为合理，并且积极追求。如恋爱成风，整天沉溺在两个人的世界里，卿卿我我，搂搂抱抱，不注意场合，不掌握分寸，不以为耻，反以为荣；考试作弊，不以为耻，反以为有本事；对艰苦奋斗的同学认为没出息，追求奢华，反以为潇洒。

古人云："不知荣辱乃不能成人。"对于大学生中这些有悖于社会主义荣辱观的现象，我们要引起高度重视。因此，加强大学生的社会主义荣辱观教育是一项必要而且十分紧迫的任务。

三

在大学生中进行社会主义荣辱观教育，是思想政治工作中的一项经常性工作，要采取得力措施，运用有效途径和方法，增强教育的实效性。

首先，要重视课堂教育教学。大学生树立正确的荣辱观，从知荣明耻开始。充分发挥思想政治理论课教学的主渠道、主阵地作用，把社会主义荣辱观引入教材、课堂，使荣辱观内容真正入耳、入脑、入心，让大学生在市场经济多元价值取向中，知善恶、明荣辱、识美丑、懂真假，从道德认知上把握哪些东西是光荣的，应该提倡，哪些东西是耻辱的，必须抵制，使社会主义荣辱观内化为大学生的自觉追求。

其次，重视为人师表作用对大学生的示范和引导。教师既是传授知识的老师，又是育人成长的导师。好的教师能影响学生的一生，甚至可能决定或改变他将来的发展方向。有位教育专家讲，“从某种意义上讲，好的教师是一个教育基地，一个动力源，是一所德育学校”。以身作则，为人师表是教师道德的重要特征，是为师之道的优良传统，也是得到学生敬重的基础。因此，教师既要学高为师，更要身正为范，用人类崇高的理想、高尚的道德塑造学生的灵魂，引导学生健康发展，从而使他们成为既有丰富科学文化知识，又有远大理想、良好品行、正直人格的德才兼备的创造型人才。

再次，道德建设是知行统一、重在践行的过程。道德在本质上是实践的，“道德者，行也。”知之非艰，行之惟艰。青年大学生对道德认知并不太难，难的是如何做到、怎样践行。树立社会主义荣辱观，加强道德修养，就是要从我做起，从小事做起，从现在做起，使大学生自觉养成自律自省的意识和知耻改过的行为。在日常生活学习中自觉遵守“八荣八耻”的基本要求，把树立社会主义荣辱观的客观要求内化为大学生的自觉行动，养成良好的道德品质和行为规范。

第四，要重视道德教育的环境与氛围营造。有专家讲到，办大学就是要办出一个氛围。青年大学生在这样一个良好的氛围中受到熏陶、启迪和感染。学校要高度重视校风教风学风建设、校园文化建设和环境建设，努力建成平安校园、文明校园和和谐校园。大学生置身于这样的氛围和环境中，处处受教育，事事得启迪。

（2006 年 5 月为校“思想政治教育研讨会”提交的论文）

重视荣辱观教育 培养高素质人才

胡锦涛总书记倡导的社会主义荣辱观，为加强大学生思想道德修养，推进校园精神文明建设，培育高素质人才指明了方向。

以“八荣八耻”为主要内容的社会主义荣辱观，体现了中华民族的传统道德，反映了社会主义基本道德规范的本质要求，体现了依法治国和以德治国相统一的治国方略，反映了时代精神和市场经济的道德诉求。社会主义荣辱观是进一步推进精神文明建设的重要指导方针，是先进化建设的必然反映，是实现人全面发展的精神指南。

高等学校承担着“培养什么人”、“怎样培养人”的历史责任。大学生有什么样的人生追求，有什么样的道德水准，关系着民族的兴衰，关乎着祖国的未来。大学生正处于人生观、价值观、世界观形成的关键时期，因此，我们党和国家历来重视大学生思想道德的教育。社会主义荣辱观从历史与现实、青年成人与成才、社会与个人的角度，全面而系统地阐述了正确的人生航标和道德标尺，对青年大学生健康发展和全面成才提出了具体要求。高校要自觉肩负起历史使命，引导大学生行荣拒耻，使“八荣八耻”成为青年大学生的人生准则和行为指南。

首先，大学生树立正确的荣辱观要从知荣明耻开始。充分发挥课堂教学的主渠道、主阵地作用，把社会主义荣辱观引入教材、课堂，使荣辱观教育内容真正入耳、入脑、入心，让大学生在市场经济多元价值取向中，知善恶、明荣辱、识美丑、懂真假，从思想上升华道德水准，把社会主义荣辱观内化为大学生的自觉追求。

其次，重视为人师表作用对大学生的示范和引导。教师是一代新人的精心培育者。教师既是传授知识的老师，又是育人成长的导师。教师的劳动能影响学生一生，甚至可能决定或改变他将来的发展方向。因此，教师既要学高为师，更要身正为范，用人类崇高的理想、高尚的道德塑造学生的灵魂，引导学生健康发展，从而使他们成为既有丰富的科学文化知识，又有远大理想、良好品行、正直人格的德才兼备的创造型人才。

再次，道德建设是知行统一、重在践行的过程。道德在本质上是实践的，“道德者，行也。”青年大学生对道德认知不是太难，难的是如何做到、怎样践行。树立社会主义荣辱观，加强道德修养，最终目的是自觉从我做起，从小事做起，从现在做起。树立社会主义荣辱观不应停留在口头上，而是要实实在在表现在行为上。坐而论道，不如起而立行。在道德建设上，大家都努力践行，大学就成为社会文明的首善之区，大学生就能成为“国民表率、社会栋梁”。

第四，要重视道德教育的环境与氛围的营造。有位专家讲到，办大学就是要办出一个氛围。青年大学生在这样一个良好的氛围中受到熏陶、启迪和感染。学校要高度重视校风建设、校园文化建设和环境建设，大学生置身于这样的氛围与环境中，处处受教育，事事得启迪。因此，要通过良好校风的形成、优美环境的建设、丰富多彩校园文化活动的开展，渗透道德要求，实现道德教育目标，从而陶冶大学生的性情，激励大学生的积极性和进取心，促进大学生良好思想品德的形成。

（发表于《黄山学院报》2006 年 4 月 8 日）

●高校管理与发展

创建办学特色　提升学校竞争力

20世纪末21世纪初，我国高等教育经历了一场前所未有的大变革、大发展，取得了举世瞩目的突出成就，规模实现了历史性的跨越，高等教育毛入学率达到20%，进入国际公认的高等教育大众化时代。在这一大发展的历史进程中，一大批新升本院校应运而生，为实现高等教育大众化做出了历史性贡献。在未来的激烈竞争中，新升本院校将面临越来越严峻的生存和发展压力，它们的出路何在，实践证明，真正经得起竞争，有立足之本、发展之能的，只能是那些注重内涵建设，追求办学特色的学校。黄山学院作为新建本科院校，从一开始就高度重视办学特色的追求和创建。多年来，学校进行了积极的思考和有益的探索，并且取得了明显的成效。

一、靠办学特色打造自己的优势是势所必然

什么是特色？古人云：“事物之独胜处曰特。”特色是事物表现的独特的、优秀的个性风貌。办学特色是一种历史积淀，是一种创造。它是在长期办学过程中积累的，体现在价值取向、办学理念、发展目标、治校方略、人才培养、学科专业设置、科学研究、校园文化、校园环境等方面的一系列相对稳定、持久的特性和色彩。

一所高校办得怎么样，考量的标准很多，其中，有没有特色是一个重要方面。“大学的办学特色越明显，学校的社会声誉就越高，就会围绕特色形成大学独特的相对稳定的人才市场

体系，在招生、培养和人才消化上形成相互支持的系统，进而使特色更加鲜明，学校就会显现越办越旺的良性循环。”正因为办学特色的重要作用，教育部《普通高等学校本科教学水平评估方案》的指标体系有一项是完全独占于7个一级指标之外的特色项目。在指标体系中它既没有权重系数，也没有等级标准，但在指标体系相关注释中作了明确说明：“特色应当对优化人才培养过程、提高教学质量作用大，效果显著。特色有一定的稳定性并应在社会上有一定影响，得到公认。”并且规定，接受评估的学校，没有办学特色，不得给予优秀等次。各接受评估的高校，无不高度重视办学特色的提炼与创建，以此彰显办学优势，提高竞争力。对于新建本科院校而言，办学特色更是赖以生存和发展的生命线。新建本科院校办学历史不长、社会影响不大、知名度不高，办学条件和办学水平与老牌大学相比有较大差距，存在先天缺失，这是不争的事实。黄山学院针对新建本科院校这些不利因素和劣势，在全校上下展开了“办什么样的黄山学院”和“怎样办黄山学院”的大讨论。经过大讨论，学校提出“走特色发展之路”的战略举措。学校党委和行政领导班子充分认识到，特色就是力量，特色就是水平，特色就是生命力，有特色就有优势，有特色就有实力，有实力就能发展。

二、办学特色要努力从多方面构建

办学特色的内涵是丰富多样的，不同的大学由于在教育体系中的办学理念、目标定位、价值取向、学科结构、历史传统不同，会呈现出不同的个性、不同的风格。黄山学院本着有所为、有所不为的原则，着力在某几个方面构建自己的特色体系。

准确定位，发展路径明确。学校定位是引导学校向前发展的“方向仪”。学校定位就在于学校依据经济建设和社会发展的需要、自己的条件和发展的潜力，认清前进的方向，找准自己在高教体系中的位置，使学校获得理性的指引。黄山学院的办学定位提出了以本科教育为主，兼顾专科教育，依托地域资源优势，以区域经济发展和科技创新需求为导向，文理渗透，理工结合，构建文、理、农、经、工、管等多学科协调发展的专业体系，做强以旅游经济、徽州文化、生态环境为主要特色的学科，培养“务真求是，知行合一”、服务基层的高素质应用型人才，到2020年把学校办成特色鲜明，在省内外具有一定影响的应用型地方普通本科院校。

立足地方，彰显自身价值。新形势下，高校在区域经济中的地位和作用日益显得重要，地方经济建设和社会发展的特色资源是高校走特色发展之路的源泉和活水。黄山学院坐落于古徽州、新黄山，所在地丰厚无比的自然资源和文化资源，为学校创建特色，形成人无我有的优势提供了得天独厚的有利条件。黄山市提出建设旅游大市、文化大市、生态大市的发展目标，黄山学院确定了“打好黄山牌，做好徽文章，建好生态园”的学科建设思路。这三大学科群已成为强势学科，在人才培养、文化引领、科学研究等方面为黄山市提供了很多服务。

走向国际，发挥开放办学优势。黄山是国际旅游城市，对外交流密切，合作渠道广阔。黄山学院是该市仅有的本科高校，充分利用这一平台，走国际合作办学的路子前景看好。这几年，学校经过广泛接洽，已与美国、德国、瑞士、智利、韩国、香港等国家和地区签署合作办学协议，双方的考察交流日益增多，高级访学逐渐增加，通过引进来、走出去，不断提高了办学水平，提高了学校知名度，扩大了学校的社会影响力。从2006年开始，学校从美国、匈牙利、韩国等地招收留学生，学校选派学生到泰国留学或进修，对外办学的路子呈现出良好的态势。

营造景观特色，让学生在浸润中成长。一所学校对校园景观的得意塑造，“不仅仅是找功能上的效益，也伴随着浓厚的审美趣味和价值取向”[①]，每一处景观，都是学校在校园中展示自身的审美趣味、价值取向、个性特征而留下的痕迹。优美的校园景观对青年大学生能起到以美辅德、以美益智、以美增健、以美育人的作用，青年学子在优美景观中得到熏陶、浸润，在潜移默化中成长成才。

黄山学院坐落在自然风光旖旎的黄山脚下、徽风皖韵文化底蕴厚重的新安江畔。学校在新区总体规划和建筑设计中，高度重视景观的营造，本着建设生态校园、和谐校园、人文校园的理念，着力谋求校在山中、楼在林中、人在画中的景观效果。1500多亩的新校区，地形起伏，植物丰富有600多个品种，所有建筑，保持徽风古韵的元素，给人以历史厚重感，自然形成的起伏不平的地形得到合理的保护和利用，种类繁多的各类树木让房屋掩映其中，校园中山、水、桥、林相嵌成景，师生在校园中享受到一种生态美，人与自然的和谐美。象征“十年树木、百年树人”的16根大立柱昭示人才茁壮成长，“教人求真，学做真人”的校训墙矗立在校前区广场，引领黄山学院人的一种精神追求，众多石刻传递出师生的价值取向，以徽州名人命名的道路，让人感受到文化的韵味。

三、形成办学特色的有效途径

办学特色的形成是一个实践、积淀，提炼和创新的过程，不是一蹴而就的事情，它需要全校师生员工多年的艰苦努力，才能在某些方面创建出有别于其他学校的独特之处，形成比较稳定的个性鲜明的风格和卓著的成绩。黄山学院这些年在追求办学特色的实践中，有自己的感受和体会。

本色是基础，特色显优势。面对全球知识经济浪潮和我国高等教育日趋激烈的竞争形势，作为新升本院校各方面工作都

---

① H. J. 德伯里．文化地理——文化社会与空间．北京大学出版社，1988：155-159.

面临上水平和再发展的问题，抓好各项基础工作，规范管理，夯实基础，这是不能轻视的本色。基础不牢，地动山摇。这些年，黄山学院紧紧围绕教育部评估指标体系，规范各项办学活动，全面提高办学水平和教育教学质量，为形成特色、创造优势打下了坚实的基础。但相对有限的教育资源而言，抓住那些具有优势和特色的方面，重点突破，着力而为，这既不影响全面发展，而且能促成某些方面不断拔尖，形成以重点带动一般，以特色促进本色，让优势更优。

文化领先，精神为上。文化作为一种“软实力”越来越受到人们的重视。大学文化，校园精神是形成办学特色的动力和源泉。大学精神是大学的灵魂，大学精神更多的是在诠释一所大学的个性，那些办学特色鲜明的大学，无不是在大学精神的引导下，通过对自己办学理念的倡导、践行、提炼和升华的过程，并在这个过程中形成了独特的价值判断和理性追求。而“有些学校少有育人取向，教育理念没有形成一种文化氛围和精神取向，实质是办学思想的模糊，是在人才培养价值规律上的缺失”[①]。黄山学院在提炼办学特色过程中，提出“求真求是，博学厚德，百折不挠，负重奋进”的校园精神，得到了师生员工的认同并努力践行，成为学校的核心竞争力。

特色形成，校长起主导作用。一所学校办得怎么样，关键是治校者尤其是校长起着主导作用。校长是一所学校的灵魂。校长的办学思想直接影响着学校的目标设计、办学定位、价值取向和特色追求。所有特色鲜明的大学都与这些大学校长密不可分。如蔡元培之于北京大学，梅贻琦之于清华大学，张伯苓之于南开大学，张廷楚之于湖南师范大学，朱九思之于华中理工大学等等，无不体现校长的杰出作用。

治校者尤其是校长对办学特色的形成，既要有独特的办学理念和治校能力，也要有民主办学、善于经营的方法。黄山学

---

① 王继华．教育文化战略构建［M］．黑龙江人民出版社，2006：222.

院这几年在办学实践中，开展过两次大规模的教育思想观念大讨论，不定期召开办学思想务虚会，集中全校上下的智慧，对形成治校者明确的办学思路和科学决策以及特色追求起到了很好的作用。

人才强校，特色靠人。教师是办学的主体力量，优秀师资是学校实现各项目标的决定性因素，是形成办学特色的核心力量。一位位大师，就是学校一面面旗帜，就是学校地位、希望、实力的象征，就是有特色的显著标志。一所大学如果没有一大批教育思想先进、学术功底深厚、教学水平高超且不断创新的师资，特色形成只能是空谈。因此，重视高水平人才队伍建设，是寻求办学特色的力量之基、动力之源。

这些年，黄山学院着力打造“人才工程”采取多项举措，大力培养有发展前途的年轻人才，大批引进高学历、高职称人才，积极稳定已有人才，势头强劲。靠人才强校，靠人才出特色已成为学校的自觉追求。

（发表于《黄山学院学报》2008 年第 1 期）

实践“三个代表” 办好黄山学院

“三个代表”重要思想集中反映了现代大学的重大使命，集中体现了现代大学精神和办学理念。高等学校在实践“三个代表”重要思想方面，具有不可替代的独特作用和功能。黄山学院作为新建的本科高校，更要努力实践“三个代表”重要思想，用“三个代表”重要思想统领学校各项工作。根据这一精神，结合高等教育的发展，谈谈认真实践“三个代表”重要思想，努力办好黄山学院的体会。

一、黄山学院面临的新形势，新机遇，新挑战

新的世纪，高等教育面临着新的形势：知识经济时代已悄然来临，加入 WTO 已成为现实，全面建设小康社会的号角已经吹响，高等教育已由精英化时代步人大众化时代。这一切为高等教育的发展既提供了难得的机遇，也提出了严峻的挑战。同时，我们黄山学院作为新建的地方性本科院校，既面临着来自重点院校的竞争和压力，又面临着来自同层次地方高校之间你追我赶、争先进位的竞争和压力。

1. 知识经济时代的到来和全面建设小康社会的历史重任，为高等教育大发展提供了历史机遇，高等教育大众化已成为时代的呼唤

江泽民同志指出：“高等教育要积极面向经济建设主战场，正确解决经济和社会发展中的重大理论和实践问题，促进科技成果向现实生产力转化，成为知识创新、技术创新和高新

技术产业化的重要方面军。”因此，作为新兴的高等教育产业，具有无比广阔的发展空间和无比美好的发展前景。

2. 加入WTO后的我国高等教育，面临的是机遇与挑战同在

一方面，加入WTO使我国的高等教育遭遇前所未有的严峻挑战，开放我国的高等教育市场必将冲击现有的高等教育体制，使办学主体更加多元化，我们即将面临与国外教育机构同台竞争的巨大压力，同时，对国际、国内高素质人才资源的争夺和竞争也将日益加剧；另一方面，加入WTO也为我国高等教育的快速发展提供了更为广阔的空间和舞台，以国际市场的需求为导向，及时调整学科专业结构，改革人才培养模式，必将有力地推动产业结构的升级，促进经济快速健康发展。因此，我国的高等教育只有不断提高质量，才能在激烈的国际竞争中立于不败之地。

3. 高等学校之间围绕着人才资源、生源市场和就业市场的竞争日趋激烈

高等教育的发展已逐步从计划经济时代的政府主导型发展模式向社会主义市场经济条件下的市场调节型发展模式转化。争夺高素质、高层次的人才资源已成为各高校在竞争中取胜的法宝之一，而招生生源状况和毕业生就业率的高低会直接影响社会、考生及家长对一所高校的认可度和信任度。因此，各高校为了在激烈的竞争中取得优势，纷纷提高办学质量，创建自己的特色品牌。

黄山学院在面临高等教育发展新机遇和新挑战的同时，作为地处黄山市的一所新建地方性本科院校，与同层次高校相比，我们在办学条件、师资力量、科研水平等方面都存在着一定的差距，而不远的几年后，我们又将要面临接受本科院校水平评估的压力和考验。但是，我们仍然有理由相信，只要我们立足黄山，发挥自己的办学优势，找准自己的办学定位，寻找合理的办学空间，坚持在竞争中求生存，在改革中谋发展，在

发展中创品牌，我们就一定能把我们黄山学院的事业一步一步推向前进。

二、找准学院定位，明确发展目标和办学思路

黄山学院面对新形势、新机遇、新挑战、新任务，集中到一点，就是办什么样的黄山学院，怎样办好黄山学院。

1. 办什么样的黄山学院

首要的是找准学院的定位。学校定位是引导学校向前发展的“方向仪”，它是学校办学思想和发展目标的总体体现。学校定位先进、准确、合理，可使学校发展获得理性的指引。根据院领导多次讨论的精神，学校在以下五个方面明确定位。

（1）功能定位：教学型，多科性本科院校；学校坚持以教学工作为重心，在搞好教学工作的同时，以人才培养和社会实践需求为导向开展科学研究。

（2）层次定位：以本科教育为主，经过若干年的努力，突破硕士点。目前，还需兼顾适当的专科教育。

（3）学科定位：以非师范教育为主，兼顾师范教育，着力加强重点学科和特色学科建设。

（4）服务方向定位：立足黄山，服务安徽，辐射全国。

（5）规模定位：在办学中，坚持“规模、结构、质量、效益”的协调发展，在提高办学质量和效益的前提下，不断扩大办学规模。2005 年在校生争取达到 10000 人，到 2010 年，争取达到 15000 人。

2. 怎么办好黄山学院

我集中大家的想法，就是要抓好“一、二、三、四、五”。

（1）抓住第一要务，谋求大发展

发展是硬道理。把黄山学院做大做强做出特色，做成精品名牌，发展是第一位的任务。发展决定着学校的地位，发展代表着学校的形象，发展牵动着学校的全局，发展关系着学校的

未来。学院党委和行政领导班子必须精心谋划，始终把发展作为治校兴学的第一要务，任何时候一刻也不得松劲，不管碰到什么困难，也不能有丝毫动摇，要时时处处放在心上，提在手中，落在实处，见到成效。

（2）进行二次创业

徽州师专成立到高专的发展过程中，经历艰苦的创业，取得了骄人的业绩。刚刚升本后的黄山学院，在一个新的起点上，追求跨越式发展，这是在更高层次上为实现更大目标的再次创业。二次创业与第一次创业相比，任务更繁重，压力更大，要求更高。这次创业的基地主要在新校区，我们要有足够的思想准备，要有乐于吃苦的奋斗精神，要有坚定不移的信心和信念，要有开拓创新的进取意识。

（3）实现三步发展目标

第一步，用 3 至 5 年时间，苦练内功，夯实基础，顺利通过教育部的评估，将黄山学院办成合格的本科院校。

第二步，从现在起，在实现合格目标的同时，加大力度建设一批重点和优势学科，形成自己的亮点和特色，争取 5 年左右时间，突破硕士点。

第三步，在实现前两步发展目标的基础上，再经过 5 年或更长一些时间，将黄山学院做大做强，争取办成综合性黄山大学。

（4）精心打造四项工程

① 人才工程。人才是第一资源，人才是黄山学院的强校之本。我们要牢固树立尊重知识、尊重劳动、尊重人才、尊重创造的观念，大力营造人才稳定得住、培养得好、用得上的良好环境。我们将努力实施人才工程，遵循重视稳定现有人才、积极培养新人才、大力引进外来人才、兼顾聘请各方人才的原则，不断提高教师队伍的学历层次、职称层次、教学科研水平和综合素质，建设一支能适应本科教育要求的高水平、高素质的教师队伍，有一批扛旗帜的大师、名师和优秀教师引领学校

大步前进。

② 教学质量工程。学校要坚持“以教育观念转变为先导，以教学改革为核心，以提高教学质量为主题”这一教学工作思路，狠抓教学这一基础工作和中心工作，全面推进素质教育，全面提高教学质量，培养全面发展的具有实践能力和创新精神的合格人才。我们要在课程设置、教学研究、教学管理、质量监控和教学基本建设等各个方面坚持不懈努力，切实做到教学质量和水平不断提高。

③ 基本建设工程。南校区的校园面积将扩大到1500亩左右，从征地到校园基础设施到位，从围墙大门施工到教学、生活、工作各类用房基本建成，基建任务十分繁重。我们要在省厅和黄山市的支持下，负重加压，克服千难万苦，大干快上，争取早日建成一所环境优美、品位较高、功能齐全、设施配套、特色鲜明的园林化、数字化、人文化、现代化的大学校园。

④ 凝聚力工程。凝心聚力谋发展，同频共振干事业，这应成为黄山学院的主旋律。不怕困难大，就怕心不齐，人心齐，泰山移。为了实现学校的发展目标，学校要多做凝聚人心、温暖人心的工作，全院上下要有校兴我荣，校衰我耻的爱校意识。同志之间，上下之间多一些换位思考，多一些相互理解、相互关心，有限的精力，少去琢磨人，多去琢磨事，形成和谐的工作氛围。黄山学院是徽文化的重镇和研究基地，徽文化所蕴含的诚信观念、人文关怀、责任意识，还有黄山松坚韧自强的拼搏精神，徽骆驼负重奋进的进取精神和绩溪牛默默无闻的奉献精神等宝贵精神资源，都应该汇集在黄山学院这个精神家园中，成为我们取之不尽、用之不竭的力量源泉。

(5) 用五项措施推进工作

① 抓好院系两级领导班子和干部队伍建设。学校发展得快与慢，关键在党，关键在人，决定性因素在领导干部。火车跑得快，全靠车头带。领导班子和领导干部的建设包括思想建设、组织建设、作风建设、制度建设和廉政建设等方面。

② 突出特色优势，打造精品名牌。高校的办学特色是一所学校区别于其他学校的办学风格和优良特点。高校的办学特色集中体现在学科建设。在某个领域形成自己的优势，并具有以此确立学校的地位和影响，带动学校整体可持续发展的特性。黄山学院与老牌大学或那些新建院校相比，大而全或整体实力都不会有优势，但从所处的地理位置看，我们有别的学校可望不可即的得天独厚的条件，这就是黄山这一世界名胜，徽文化这一博大精深、灿烂辉煌的地方显学。因此，我们要根据自己所处的人文社会环境、地理环境以及自身的条件和环境，找准方向，选好突破口，用足优势资源，扬长避短，在群峰竞秀中追寻异峰突起，在交通拥挤的态势下另辟蹊径，在激烈竞争的平台上勇于标新立异。这样，我们就有可能在某一领域或某几个学科进入国内先进行列，打造出我们的特色品牌，甚至是精品名牌。

③ 强化管理。一支散漫之师，绝不会有冲锋陷阵的勇士，唯有从严管理，有令必行，才能培养出勇往直前的精神。办好学校，必须强化管理，各项工作做到规范管理，纪律严明，依法治校，实行严格的责任制，做到层层负责，做到一级对一级负责，人人都尽责。在强化管理中，我们还要积极推进民主管理，提倡人文化管理，把广大教职工的积极性充分调动起来，发挥他们的主人翁作用，人人都成为推进学校发展的原动力。

④ 深化改革。改革是学校发展的强大动力，是创新的催化剂。要按照“发展要有新思路、改革要有新突破、开放要有新局面、各项工作要有新举措”的要求，深化教育改革，在观念、体制、模式、内容、手段和运行机制等方面推进。改革的重点是抓住人事制度、分配制度、教学、后勤管理等方面，不断有新的突破，从而激发出办学的更大活力。

⑤ 争取内外大力支持，积极拓宽融资渠道。学校快速发展，经济是基础。建设速度加快与经费不足是一大突出矛盾，我们要积极争取省教育厅和省政府的有关部门多支持、多投入，

争取黄山市委、市政府多给优惠政策，多为学校建设设绿灯，不亮红灯。从学校自身来讲，要开源节流，增加收入，节约不必要支出。在此也希望广大教职工献计献策，牵线搭桥，帮助学校拓宽融资渠道，争取更多的社会力量捐资办学或合作办学。

三、求真务实，着力推进当前几项重点工作

1. 深入学习"三个代表"重要思想，贯彻落实十六届三中全会精神

十六届三中全会是在全党兴起学习贯彻"三个代表"重要思想新高潮，全国人民满怀信心全面建设小康社会的历史进程中召开的重要会议。会议听取了中央政治局的工作报告；通过了《中共中央关于完善社会主义市场经济体制若干问题的决定》。要把深入学习"三个代表"重要思想同学习贯彻三中全会精神结合起来，充分认识深化经济体制改革的重要性和迫切性；充分认识完善社会主义市场经济体制的目标和任务；充分认识深化教育体制改革的重大意义，不断推进教育创新，增强加快学校发展的使命感和责任感，增强学校适应经济和社会发展的应变能力。

2. 以本科院校评估指标体系为依据，积极迎评促建

（1）教育部制定本科院校"以评促建，以评促改，以评促管，评建结合，重在建设"的20字方针，是黄山学院近期工作的努力方向、工作任务和奋斗目标。为顺利通过几年后的教育部对我院的评估，从现在起，要认真学习消化评估指标体系，按照评估指标的要求，规范各项教学工作，扎扎实实，从基层做起，打牢各项基础，练好基本功。

（2）调整学科专业结构是提高教学质量的基础工程。学科专业的建设与调整要以人才市场的需求为导向，以黄山市以及安徽省的地方经济发展为依托，并立足黄山市丰富的旅游资源和丰厚的徽文化底蕴的优势，打造出属于自己的特色品牌学科专业群。以学科专业建设为龙头构建学院的核心竞争力。

（3）加强师资队伍建设是提高教学质量的基本前提。注重“输血”，更要注重“造血”，要将高素质的师资引进与在职师资的培训有机结合起来，塑造出一支层次高、素质强、结构合理的师资队伍。最近，省教育厅已批准我院增设6个新专业。师资队伍建设必须重点考虑新增专业、师资紧缺的老专业和高学历、高职称人才。

（4）建立和健全教学过程监控体系是提高教学质量的重要保证。通过实施领导干部听课制度，加强对课堂教学状况的监控与管理；通过实施教学督导制度，促进教师不断提高教学水平；通过实施学生教学信息反馈制度，加强学生对教学过程的评价；通过实施期中教学质量检查制度，促进教学质量的全面提高。

（5）在教学内容的不断更新、现代教育技术手段的运用、实践教学环节的加强等方面，也要不断进行探索和创新，以适应新形势下人才培养素质结构的要求。

3. 加快速度，推进南校区的各项基础建设

（1）为实现学校长远发展目标，扩大校园面积，征用土地是南区建设重中之重的头等任务。近两个月，院领导和职能部门集中精力在抓这件大事，工作进展较快。黄山市、休宁县所在镇高度重视，也很支持，前期工作有成效。省厅领导听了我们的汇报，很满意。陈厅长表态，土地征下来，省厅将安排4000万元的贴息贷款，用于征地和南校区建设。我们要抢抓机遇，加倍努力，以超常规的工作力度和运作机制，抓紧完成后面的工作，确保寒假前900亩新征用土地拿到手。

（2）为明年扩大招生需要，4幢学生公寓楼的场地平整和施工图设计已基本完成，后面要抓紧招标，争取春节前施工进度出地面。

（3）南校区校园内围墙附近的军用光缆尽快争取部队以最低费用迁出校园，与此同时，抓紧南校园新大门和围墙的设计工作。

（4）12000平方米的实验楼已通过省教育厅立项，争取省

计委批准这个项目，争取2004年上半年开工建设。

4. 高度重视科研工作，在某些领域寻求新突破

教学是立校之本，科研是强校之路。在千方百计提高教师队伍整体素质的同时，要瞄准国际、国内科学发展前沿，加大科研投入和科研奖励力度。在全院要建立起“以教学带科研，以科研促教学”的良性机制，力促我院科研水平整体提升，在某些研究领域寻求新突破。为此，一是要加强基础理论的研究，它是一切领域科研活动的原动力和立足点；二是要十分重视为黄山市及安徽省经济和社会发展服务的应用科研领域的研究，在产、学、研相结合上挖潜力，做文章；三是所有老师和各类专业工作者要有强烈的科研意识、立项意识、成果意识和获奖意识，不要为职称而科研，自觉把科研作为一种追求、一种责任、一种价值取向；四是职能部门要积极做好管理和服务工作，加强联系，沟通信息，帮助攻关，指导得力；五是要在徽学研究领域取得突破性进展，着力形成科研领域的品牌优势，逐步扩大学院的知名度和信誉度。

5. 重视毕业生的就业指导，充分提高就业率

近几年，高校连续扩大招生，就业市场竞争激烈，形势严峻。教育部和省教育厅将定期公布各高校的就业率，并且以此作为确定招生计划的依据。高校如同企业一样，以销定产的态势已经到来。因此，我们要高度重视毕业生的就业工作，院职能部门和各系要重视对毕业生的就业指导，发挥多方面积极性，巩固原有需求市场，开拓新的就业市场，探讨未来就业市场，充分提高我院毕业生的就业率。

6. 加强党建，抓好思想政治工作

高校党建和思想政治工作是学校发展的根本保证。高校党组织肩负着全面贯彻党的教育方针，培养德、智、体、美、劳等全面发展的社会主义建设者和接班人的重任。各级党组织一定要围绕学校工作中心，服务大局，发挥政治优势和思想工作功能，在提高凝聚力和战斗力上下功夫。

要坚持从严治党的方针，狠抓党员领导干部的表率作用，党员领导干部一定要按“政治家、教育家”的要求，严格规范自己行为，时时事事不忘党的宗旨，廉洁自律，正确行使自己手中的权力，全心全意为广大师生服务，兢兢业业为党的教育事业工作。

各级党组织要高度重视大学生的思想政治工作，把深入的思想教育和严格的管理紧密结合起来，引导大学生发奋成才。刚刚闭幕的第十二次全国高校党建会议，要求加大在大学生中发展党员工作力度。我们要认真贯彻会议精神，把工作做到实处。辅导员教师要有足够的时间和精力抓学生工作，特别要有效预防学生中极端事件的发生，切实维护校园稳定。对学生中酗酒、聚众打架、组织老乡会等恶习劣行要坚决制止，处置措施要果断得力，绝不能让那些歪风邪气在校园有市场。广大教师要切实担负起既教书又育人的责任。各部门要齐抓共管，形成全面育人的良好氛围。

长风破浪会有时，直挂云帆济沧海。新世纪头20年，是我们国家、我们民族发展的一个重要战略机遇期，也是高等教育大发展的一个重要战略机遇期，更是我们黄山学院实现跨越式发展的一个重要战略机遇期。我们已经为黄山学院未来的发展描绘出宏伟的蓝图，蓝图的实现需要我们每一个黄山学院人的拼搏努力。我衷心希望，全院上下要树立强烈的机遇意识，抢抓这个千载难逢的历史机遇，直面国际国内教育产业激烈竞争的严峻挑战，在院党委的坚强领导下，同心同德，开拓进取，要急黄山学院发展之所急，想黄山学院发展之所想，为黄山学院发展之所为，实现黄山学院的跨越式发展目标。

（发表于《黄山学院学报》2004年第1期）

树立科学发展观　确保高校健康发展

科学发展观的提出，是我们党关于发展的一系列重要思想的坚持和发展，是我们党执政理念的重大飞跃，也是贯彻落实“三个代表”重要思想的具体体现。高等学校要在不断发展的实践中，结合自己的实际情况，努力探索实现全面、协调、可持续发展的新思路、新途径。黄山学院作为一所新建本科院校，既面临着社会需求不断上升的发展契机，也承受着竞争日益加剧的巨大压力，只有牢固树立科学发展观，才能确保学校事业更快、更好、更健康地发展。

找准办学定位，发展有目标

办学定位是高校举办者和管理者关于大学办学目标的一种教育理念，它关系到大学的方向选择、角色定位和办学特色，关系到学校在高等教育整体结构布局中的地位与作用，关系到学校各项功能的充分发挥，是保证学校持续、健康、稳定发展的重要前提。未来高校发展将更加多样化，发展空间和方式将得到不断拓展，高校将以不同的层次、类别、形式满足社会需要和人们的不同需求。在这样的发展趋势下，找准定位、确立发展目标，是高校发展的关键。

黄山学院在科学发展观的指导下，在全院开展了“办什么样的黄山学院”和“怎样办好黄山学院”的大讨论。在全院大讨论的基础上，学校进一步明确了办学定位和发展目标。在学科定位上，坚持综合性、多科性及专门特色协调发展的办学思路；在办学层次和培养目标定位上，以本科教育为主体，在一定时期内适当兼顾专科教育，培养应用型人才，为地方经济和社会发展提供人才和智力支持；在类别定位上，是教学型高校，同时高度重视科研工作；在服务面向定位上，应立足黄山、面向安徽、辐射全国。办学规模定位，坚持把发展作为第一要务，强调规模与质量相统一，到 2005 年，在校学生达 10000 人，到 2008 年达到 15000 人，到 2010 年，学生人数稳定在 18000 人。总体发展目标确立分三步走的发展战略。第一步，用 4 年时间，苦练内功，夯实基础，改善办学条件，提高教学质量，顺利通过教育部的水平评估；第二步，用 5 至 7 年时间，不断发展内涵，提高质量，办出特色，争取突破硕士学位点；第三步，在前两步不断发展的基础上，继续加快发展，努力做优做强，争取办成综合性黄山大学。

增强服务功能，发展求特色

黄山学院是一所省市共建的新建本科院校，办学基础条件、师资力量、办学经验、生源素质等均处于弱势。在竞争日趋激烈的压力下，如何依据自身的实际和生存发展环境，立足地方经济和社会发展需要，创造自己的个性和特色，这是一个重要的办学理念问题。

所谓特色，是指在一定的办学思想指导下和长期办学实践中逐步形成的独特、优质和富有开创性的个性风貌。

黄山市委、市政府提出“443”行动计划，要把黄山市建成旅游大市、生态大市、文化大市。黄山学院应积极呼应，增强为地方服务的功能，努力打造优势品牌，这是机遇，也是学校发展的源头和活水，是创造特色优势的生长点。学校在认真调查研究、科学论证的基础上，提出走特色发展的路子，归纳为四句话，即“打好黄山牌、做好徽文章、建好生态园、走好师范路”。围绕“打好黄山牌”，重点办好与旅游经济相关的旅游管理、市场营销、外语导游、烹饪工艺等一批有优势的专业学科群，落实邓小平同志关于“要有点雄心壮志，把黄山的牌子打出去”的号召，切实为黄山国际旅游城市的建设和发展做出贡献，这是形成黄山学院优势的“买点”、“卖点”和生长点。围绕“做好徽文章”，就是要大力扶持、承传与徽州文化相关的哲学、汉语言文学、历史、应用数学、徽派建筑、美术学（新安画派）、自然与文化遗产保护等有传统文化底蕴的专业学科群，建徽学研究所和徽学资料中心，以不辜负江泽民同志关于“如此辉煌的文化，如此博大精深的文化，要把它传下去，子子孙孙传下去、世世代代传下去，让它永远立于世界文化之林”的嘱托。这是黄山学院占尽天时地利人和的特色资源。围绕“建好生态园”，就是要积极主动地发展与黄山生态环境保护相关的环境科学、生态学、林学、园林设计、生物技术等地方急需的实用性专业学科群，为建成安徽生态大省、黄山生态大市提供人才和智力支持。这是黄山学院服务地方经济发展的最好结合点。围绕“走好师范路”，就是要继续办好原有的师范专业，发挥自己的传统优势，并设置创办初等教育、现代教育技术等新专业，继续为黄山市的基础教育当好“母机”。

重视第一资源，发展靠人才

治校兴业，人才为本，治教兴学，唯在得人。一所高校办得好不好，关键看是否有一支高素质的师资队伍。人才资源是学校发展的第一资源，人才优势是学校发展的最大优势。高水平大学与一般性大学的最大差异，主要反映在教师水平、教学质量和科研能力上。有了一大批高水平的教师，才有高质量的教学和高水平的科研。梅贻琦先生曾说过，大学，非大楼之谓，乃大师之谓也。讲的就是教师对办好一所大学的重要作用。

为精心打造“人才工程”，建设一支结构合理、素质较高的师资队伍，学校近年来出台了《关于引进硕士、博士研究生的若干规定》、《关于进一步加强师资队伍建设的意见》、《关于建立青年教师“导师制”的意见》、《关于调整高层次人才优惠政策的通知》、《校内特殊津贴发放及考核暂行办法》等文件，强调：一靠学校事业的不断发展，为人才提供创业和施展抱负的舞台，实现事业引人留人；二靠必要的优惠政策，体现物质待遇的倾斜，做到待遇引人留人；三靠和谐的人才工作、生活环境，体现人文关怀，通过感情引人留人。学校在实现进人的“三个过渡”基本任务之后，决定集中力量引进高学历、高职称等高层次人才。为来我院工作的教授、博士研究生提供建筑面积212平方米的别墅楼，免收房租，并配一定数额的安家费、工作电脑、科研启动资金、校内特殊津贴等。2004年，有7名博士、17名硕士研究生，还有一对夫妇双教授来黄山学院建功立业。另一方面，学校加大对在职中青年教师的培养力度，每年安排近百万元培养经费，鼓励支持他们进修或攻读高学位，现已有50名在职教师获得博士、硕士学位。目前，正在国内外高校攻读博士、硕士学位的中青年教师40多人，在国内外从事博士后研究的2人。强有力的人才建设工程，学校呈现出教师队伍快速发展、可持续发展的良好态势，人才兴校、质量立校、科研强校的氛围日益浓厚。

坚持以人为本，发展重就业

高等教育从1999年实施扩大招生政策以来，已经从精英教育阶段过渡到大众化教育阶段，实现了跨越式大发展，取得了举世瞩目的成绩。高等教育进入大众化阶段面临的突出问题是毕业生就业问题。高校毕业生的就业工作，直接关系到学校的可持续发展，关系到广大人民群众的切身利益，关系到改革发展稳定的大局，是一个带有全局性的重大问题。高校落实科学发展观，就是要坚持以人为本，以就业为导向，使毕业生充分就业。

黄山学院近年来，高度重视毕业生就业工作，建立“三全”机制，就业工作做得有声有色，成效显著。一是全程指导就业工作。学校成立了单独的就业工作机构，从新生入校开始，面向全体学生、分专业进行有针对性的就业指导和学业设计，帮助学生正确认识学业、专业、职业和就业之间的关系，及早开始根据个人的实际情况进行必要的职业探索，有目标地提高自己、发展自己。学院面向全体毕业生开设就业指导课程，使所有毕业生能够客观认识自己、了解政策、掌握科学的择业技巧和方法。二是全员齐抓就业工作。毕业生就业工作做得好坏，其结果与每一个黄山学院人息息相关。为了学校的发展，形成人人关心毕业生就业工作，事事支持毕业生就业工作，处处体现为毕业生就业工作提供服务的优良环境。三是全面做好就业工作。毕业生就业工作是一项系统工程，需要统筹谋划、全面协调，不要顾此失彼。学校本着几个同时并举的原则，即：师范类与非师范类毕业生就业同时并举，提高教学质量与转变学生就业观念同时并举，热门专业与冷门专业同时并举，巩固就业老基地与开拓就业新市场同时并举，走出去与请进来同时并举。近几年，黄山学院毕业生就业率达到了95%以上，一直处在全省同类院校前列，多次受到省厅的表彰和肯定。

（发表于2004年12月29日《黄山日报》）

全方位把握和提高教学质量

当前，我国高等教育的工作重心正逐步由前一阶段高度重视规模发展，转移到在规模持续发展的同时更加注重提高教学质量。教学为本、质量立校，是高校可持续发展的基石，是高校永恒的主题，是一切教学活动的出发点和归宿。教育部《关于进一步加强高等学校本科教学工作的若干意见》和周济部长在第二次全国普通高等学校本科教学工作会议上的讲话，都强调了教学在学校工作中的中心地位、质量是高等学校的生命线。最近，温家宝总理在政府工作报告中指出要“着力提高高等教育质量”，这沉甸甸的10个字对我国高等教育的发展提出了新的要求。黄山学院作为新升本的院校，在高等教育工作重心转移的形势下，要想不断发展、做强做优，关键要靠质量取胜。

一、提高教学质量迫在眉睫，事关学校的生存和前途

1. 教学是办学的根本。高等学校的中心任务是培养人才，人才培养的中心是教学工作，因此教学工作始终是学校的中心工作。学校教学工作中心地位的确立不是一句空话，它具有实际的涵义。什么叫“学校教学工作中心地位的确立”呢？要从以下几个方面来看：党政领导重视教学工作，经常研究教学工作，并能深入教学第一线，进行调查研究，解决教学工作中的问题；学校能够正确处理好教学工作与其他工作的关系；学校对教学经费投入处于优先保证的地位，并有稳定的经济来

源；各个职能部门都能围绕着教书育人开展工作，并能主动为教学服务；学校的各项政策和规定都能体现对教学的重视；在对教师的履职考核中强化教学质量的考核；育人工作已经成为学校的舆论中心等等。近年来，我们反复强调教学工作是学校一切工作的中心，是永恒的主旋律，是学校生存和发展的前提。这个思想要长时期地贯穿到各项工作中，各项工作都要服务于教学这一工作中心。

2. 高校的发展最终落实在质量上。抓教学工作，从根本上来说是抓质量。教学质量是高等教育的生命线，是教育核心竞争力的表现，是教育可持续发展的现实需要，也是学校努力促进先进生产力和先进文化的发展、实现最广大人民群众根本利益的现实需要。只有质量上去了、学生成才了、人民群众满意了，学校才能得到社会的认可，才有持续发展的可能。因此，质量是制约高校生存和发展的瓶颈。

3. 新建本科院校先天不足，质量问题比较突出。新建本科院校的共同特征是：办学条件较差、基本设施不完善、资金紧缺、缺乏办本科教育的经验等等，而这些又恰恰是制约教学质量的关键因素。因此，新建本科院校更应该花大力气、下狠功夫抓教学质量，真正实现从专科教学向本科教学的提升。

4. 学生和家长的期望值高。我国的高等教育多年来一直是精英教育，我们的大学生一直是“天之骄子”，一跨进大学校门就意味着是“国家干部”了。高等教育进入大众化阶段后，大学生就业也逐步从“卖方市场”向“买方市场”转变，“招生”不再等于“招干”，“天之骄子”也只不过是“有知识的普通劳动者”。正因为如此，要交费才能上学、凭本事才能就业的大学生及其家长，对高等教育的期望值越来越高，他们比以往任何时候都更关注大学的教学质量，质量的高低将决定着他们的命运。

5. 扩招后的学生素质参差不齐，对质量有一定的影响。高等教育扩招后，新生录取线大幅下降，生源质量普遍降低。

然而不少学校的学制、教学环节和教学管理制度都是与原来的“精英教育”相适应的，这就不可避免地会出现质量问题。面对文化程度和综合素质悬殊较大的教育对象，教师授课面临“就高”还是“就低”的难题，教学中容易形成“木桶效应”。如何保证参差不齐的大学生到毕业时都能成为合格产品，是需要我们认真思考和解决的问题。

综上所述，我们可以看出：高等教育的质量问题已成为社会的热点，学生成人成才、学校的生存和发展、各项社会事业的健康发展等，都取决于教学质量的提高。这一问题已引起党和政府高度重视，近几年来，教育部先后召开了两次本科教学工作会议，出台了一系列加强本科教学工作、提高教学质量的文件，采取了切实有效的措施，推动我国高等教育的质量稳步提高。对于我们新建本科院校来说，更应该有一种危机感和紧迫感，要从学校生存和发展的高度充分认识到提高教学质量的重要性。

二、提高什么样的质量

近几年来，质量问题一直困扰着高校尤其是普通高校。在高等教育大众化的阶段，我们要以科学发展观为指导，树立科学的质量观，用以指导我们今后的教学工作。

1. 精英教育与大众教育的区别。1998 年以来，随着高校的扩招，我国高等教育迎来“大众化”时代。如今，全国高等学校在校生数量达到 2000 多万人，居世界第一，在短短 6 年内翻了两番。从精英教育到大众教育，我国的高等教育经历了“跨越式”发展。形势发生了根本性的变化，我们不能简单地用精英教育的质量标准来“苛求”大众化阶段的教学工作，质量标准也要与时俱进。高等教育的大众化使得高等教育不再是社会的稀缺资源，它和其他行业一样也存在质量问题。大众化高等教育最深刻的变化在于它的多样性，学校的类型、层次，学生的程度，社会对教育的需求等都呈现出多样化的趋势；高等教育的质量和标准不再是唯一的，以往被认为高质量的学术性高等教育已经无法涵盖高等教育的全部特征，如今的高等教育不得不面对一个更为开放的系统，它已经从社会的边缘走向社会的中心。精英阶段的高等教育质量标准的制定者是政府和高校，大众化阶段评价高等教育质量好坏的主体不再是高校自己，而是学生和用人单位，学生代表着个体的各种需要，用人单位则是社会各领域需求的集中反映。我校在办学类型上定位为“以教学为主的综合性本科院校”、在人才培养目标上定位为“为地方经济和社会发展培养应用型人才”，这就决定了我们的教学质量最终体现在人才的培养质量上。对此我们要有充分的认识。

2. 统一性与多样性的区别。在中国，需要也必须强调高等教育的统一性，这是中国高等教育的特色，也是中国高等教育的优势。这种统一性要求高等教育必须为人民服务，为社会主义现代化建设服务；把人才培养统一到党和国家的教育方针上来；具体的专门人才的培养应有基本的质量标准。同时，多样化是我国高等教育的必由之路。经济社会的发展对人才的需求是有类型和层次之分的，人民群众对高等教育的需求也是多样的。这就要求高等学校必须培养不同类型、不同层次和不同规格的专门人才，根据社会需求进行科学定位，形成有自己特色的人才培养模式、培养方法和质量标准。我们既要防止因重视多样化发展而忽视办学的基本规范和人才培养的基本要求，又要防止因追求统一性而带来的模式趋同和“千校一面”。解决问题的关键在于办出特色。

3. 应试教育与素质教育的区别。从小学到大学，考试似乎成了学生的主要任务，成为学校评价学生的唯一手段，我们称这种人才培养和选拔方式为应试教育。应试教育不利于培养全面发展的人才，也会使许多有培养前途的人失去发展的机会。正因为如此，国家大力提倡素质教育。然而应试教育的阴影挥之不去，不仅影响着基础教育，也影响着高等教育。注重智育，忽视德育；注重学习成绩，忽视全面发展；注重专业知识的传授和学习，忽视技能的培养和实践的锻炼；热衷于各种考试、考级，忽视基础的培养等现象，不同程度上存在于高等教育之中，这必然会影响到人才培养的质量。我们培养的学生应该是：思想政治素质与专业素养共同发展、专业知识和应用能力共同发展、理论学习和社会实践共同发展、人文素养和科技素养共同发展、身体素质和心理素质共同发展的人才，也就是德智体美全面发展的人才。因此，不能把考试成绩作为评价学生好坏的唯一标准，更不能把考试成绩作为评价学校教学质量的唯一标准。

三、怎样提高教学质量

如何提高教学质量，各高校都进行了有益的探索，取得了一些经验。我认为要处理好以下几个方面的关系。

1. 扩大规模与提高质量的关系。数量和质量始终是对立统一矛盾。没有一定的数量，就没有基本的质量，没有质量的数量从本质上说是没有意义的。就高等教育而言，规模的扩大和质量的提高是一个问题的两个方面。扩大规模是发展，提高质量也是发展。我们是新建本科院校，我们不能以牺牲质量为代价去换取规模的扩张，也不能以保证质量为理由去抑制规模的发展。我们必须两手抓，两手都要硬：一方面要抢抓高等教育大发展的机遇，快速实现规模扩张，没有一定的规模就很难谈得上办学效益；另一方面要加强本科教学工作，切实提高质量，没有一定的质量作保证，就没有发展的前途。

2. 外延与内涵的关系。高校发展的道路，一般有两种方式：一是走“外延式”发展道路，另一种是走“内涵式”发展道路。这两种方式与高校发展的数量和质量有关，也与规模与效益有关。外延式发展强调的是数量增长、规模扩大、空间拓展，主要是适应外部的需求表现出的外形扩张；内涵式发展强调的是结构优化、质量提高、实力增强，是一种相对的自然历史发展过程，发展更多是出自内在需求。内涵式发展道路主要通过内部的深入改革，激发活力，增强实力，提高竞争力，在量变引发质变的过程中，实现实质性的跨越式发展。对学校而言，仅有招生数量增加、办学规模扩大是不够的，如果教育资源配置不合理、投资效益低、体制不配套、机制不完善、教育质量差，这种发展只能是“泡沫式”的发展，对学校来讲是无益的，甚至是有害的。

3. 教书与育人的关系。未来的社会需要全面发展的人，需要德才兼备的人才，既教好书又育好人是高等教育的应有之义。教书与育人的关系，实质上就是“成才”与“成人”的关系，正确处理好两者的关系，事关国家的前途和未来。党中央、国务院高度重视大学生的全面发展，把大学生能否成人、成才上升到了政治的高度，采取了一系列切实有效的措施，促进大学生的全面发展。因此，在我们的工作中，必须把既“成人”又“成才”作为人才培养质量的基本标准，要把我们的学生培养成理想远大、信念坚定、品德良好、本领过硬、身体健康的人才。

4. 教学与科研的关系。科学与教育密不可分，是源流关系、共生关系。与之相应的大学的教学与科研是相互依存、相互促进的关系。良好的教学质量不仅需要有一支优秀的教师队伍作为保障，还需要有一支优秀的科研队伍作为其支撑。离开了科研水平的提升，本科教学的质量就成了无源之水、无本之木。我们绝不能在教学与科研孰重孰轻的问题上兜圈子，要把教学与科研结合起来。用科研为教学创造一种学术氛围和探索研究的环境，将新的科研成果引入教学环节，充实、更新教学内容，形成自己的办学特色和优势，提高办学质量和水平；同时，以教学的具体实践为科研创新提供平台和突破口，促进科研水平不断提升。只有当教学和科研呈现出这种良性循环时，教学质量才能稳步提高，学校的品牌才能越办越有名气。

5. 硬投入与软建设的关系。教学质量的提高离不开人才物力的投入。加快基本建设，改善办学条件；增加教育经费，充实教学设施；引进、培养人才，加强师资队伍建设等都属于硬投入，也就是需要大量的资金投入。就加强教学工作、提高教学质量而言，软建设主要是指：深化教学改革，规范教学管理，加强校风、教风、师德、学风建设，营造人才培养的良好氛围和环境等。新建本科院校都面临着巨大的资金压力，在千方百计地筹措建设和发展资金的同时，也应高度重视软件建设。"硬件"要硬，"软件"不能软，"软件"不到位，"硬件"的价值就会大打折扣。只有双管齐下，才能不断提高质量。

6. 继承传统与改革创新的关系。我校有着 20 多年高等教育的办学历史，在长期的办学过程中，我们积累了丰富的办学经验，养成了许多优良的传统，这为我们进一步办好本科教育奠定了厚实的基础。过去的经验值得借鉴，优良的传统应该弘扬，但是我们现在办的是本科教育，做的是前人没有做过的事情，在继承传统时要勇于改革、善于创新。我们的思想观念需要解放，管理体制需要改革，学科专业设置、人才培养模式、课程体系、教学内容、教学方法等需要创新。唯有如此，我们的教学质量、人才培养质量才能随着时代的发展而不断提高。

7. 强化管理与改善服务的关系。提高教学质量，在很大程度上取决于规范管理、从严要求。要制定、完善配套的规章制度，做到依法执教，促进广大教师精于教书、乐于育人。要有一套科学的考核、监控和评价办法，保证把提高教学质量落到实处。在强化管理的同时，要改善服务工作，不断提高为师生服务、为教学服务的能力和水平。教学管理人员、机关工作人员和后勤服务人员要经常深入教学第一线，切实帮助解决师生和教学中的实际问题，为提高教学质量多做实事、多办好事，真正做到真情奉献、热情服务，为提高教学质量构建良好的人文环境和和谐的氛围。

（发表于《黄山学院学报》2005 年第 2 期）

全力以赴　以评促建
着力提高办学水平

为提高我国高校的整体办学水平和教学质量，教育部从2003年开始了以5年为周期的高校本科教学工作水平评估。我校自2005年启动迎评促建工作。两年来的评建工作，对于进一步明确办学指导思想、加强师资队伍建设、规范教学管理、深化教学改革、改善办学条件、提高教学质量，起了很大作用，取得了明显成效。我校把接受教育部评估的时间初定在2008年的下半年，从现在开始到2008年下半年，仅有一年半的时间。在时间紧、任务重、压力大面前，全校上下必须全力以赴，以良好的状态和出色的绩效做好迎评促建工作。

对于本科教学工作水平评估的意义和作用，要从“培养什么人”和“怎样培养人”的高度来认识。

首先，高校办学应以提高青年大学生全面素质和创新能力为根本点，使大学生成人成才。“百年大计，教育为本”，学校的根本任务是培养人才，而人才的质量关系到国家、民族的兴衰和存亡。因此，教学工作是学校经常性的中心工作，提高教育教学质量是学校永恒的主题。通过评估，有利于牢固确立“办学以教师为本，教学以学生为本，质量是学校的生命线，创新是教育的灵魂”的办学理念。

其次，通过评估可以促使学校强化教学管理，规范教学行为，增强质量意识，创新培养模式。教学评估将对教学全过程进行严格检测和认真考核。每一教学环节的检测、考察和考核有很大的随机性和深层次性，能够了解到学校的全貌和实情。因此，学校的教学工作，重在夯实基础，重在抓好每一个环节，重在平时和经常性的严格要求、严格管理。

再次，评估能推动学校的教学基本建设，改善办学条件。通过评估，将争取到学校的各级主管部门和当地政府重视学校建设，帮助学校改善办学条件。学校在资金有限的压力下，为满足评估指标要求，必须千方百计增加教学投入，优化教育资源配置，优先保证教学需要。

教育部开展评估的原则是“以评促改，以评促建，以评促管，评建结合，重在建设”。这 20 字的评建原则突出强调学校高度重视自评自建。迎接评估的过程，就是自评、自建、自查、自改的过程。认真把握住评建原则，就能从“要我评”变成“我要评”，就能从外在强制要求变成内在发展需要。

开展教学工作水平评估评什么，教育部《高等学校本科教学工作水平评估方案》规定了有一级指标 7 个项目另加特色项目，有二级指标 19 个项目以及 44 个主要观测点。这些具体的评价指标涵盖了学校的各方面工作。由此可见，本科教学工作水平评估不仅是对教学工作的评估，也是对学校整体工作的全面评估；评估工作不仅是学校的大事，也是学校每个师生员工的大事；评估工作不仅是职能部门的责任，更是全校所有部门和院系的共同责任。只有全校各级领导干部、师生员工、各个部门通力合作，才能切实提高学校的人才培养质量，从而使评估工作取得较好成绩。

教育部开展本科教学工作水平评估，特别强调“三个符合度”：一是学校确定的目标（学校的定位、人才培养的目标）与社会要求、人才的全面发展和学校的实际情况符合度；二是学校的实际工作状态与确定的目标的符合度；三是学校所培养的人才质量与自定目标符合程度。“三个符合度”越高，说明本科教学质量越好。通过对这“三个符合度”的分析、理解，不难看出，最难达到评估标准同时又最能体现学校办学水平和特色的是学校培养的人才质量与学校确定的目标的符合度。这就要求我们要始终坚持以人为本，按照应用型人才的培养模式，真正办出自己的水平和特色。学校要根据这一主导思路从总体上总结过去，分析现在，规划未来。

如何做好迎评促建工作，我想应从以下几个方面多下功夫。

一、全员参与，全力以赴，以强烈的使命感和责任心投入评建工作

评估是学校发展史上的一件大事，既是一次难得的发展机遇，又是一场严峻的挑战。全校师生员工要本着“校兴我荣，校衰我耻”的责任意识和大局意识，积极投身迎评促建工作，在全校形成“评估指标重担大家挑，人人身上有指标”、“评建重于一切，责任重于泰山”、“人人关心评建，事事关系评建”的舆论导向和工作氛围，为评建工作的开展奠定广泛的群众基础和坚实的思想基础。

二、把握重点，抓住难点，找准薄弱点

全校上下要从认真学习和研究教育部的评估指标体系入手，准确理解指标内涵，分析现状，明确评建任务，着力把握我校评建工作的重点、难点和薄弱点。我校评建工作的重点在软件建设上。办好一所学校，“硬件”固然重要，“软件”却更为重要，而且从某种意义来说，“软件建设”比“硬件建设”更难、更重要。我校在课程建设、实验实训、学风建设、校园精神等方面的建设任务相当繁重。

教学评建工作的难点是在改革与创新上。观念决定思路，思路决定出路，转变教育思想观念说起来容易，做起来很难。传统思维的习惯积淀很深，愿意走老路的人不多，习惯于走老路的人不少，培养学生的创新精神和实践能力，还需要我们在培养模式等方面进行大胆的改革。

评建工作的薄弱点在容易忽视细节。细节决定成败，评建工作是一项系统工程、全员工程，细节问题涉及全过程、全员、全方位。细节问题不容易引起重视。在自评自建自查阶段，要抓住每一个环节，从规范入手，从严要求，从一点一滴做起，于细微处见精神，绝不能马虎，绝不能粗枝大叶，否则，就将贻误工作，影响大局。

三、完善评建工作机制，加大执纪力度

评建工作在党委统一领导下成立本科教学工作水平评估领导组，实行“责任单位评建工作责任制”，评建工作领导组及评建办公室下达的工作任务必须责任到人，落实到位，按时保质保量完成工作任务，不得有误。在工作运行中，要加大督查工作力度，防止走过场。

在评建工作中，要严肃党纪政纪，实行评建工作专项考核制和问责制。凡是在评建工作中不顾大局、敷衍塞责而影响工作进度和效果的单位和个人，将严肃追究；造成严重后果的，将进行严肃处理。

（发表于《黄山学院报》2007 年 4 月 15 日）

在依托地方、服务地方中办出特色、形成优势

——黄山学院服务地方经济社会发展的体会

20世纪末以来，随着我国高等教育宏观管理体制改革的不断深入，高等教育“条块关系”得到了基本调整，高等教育与区域经济社会发展的适应性不断增强。在高等教育进入大众化的过程中，新建本科院校要进一步转变观念、找准定位、理清思路，坚持立足地方，在服务地方经济和社会发展的过程中，办出水平、办出特色、形成优势，这是高等教育大众化时代赋予地方高校的历史使命，也是新建本科院校谋求又好又快发展的必然要求。

黄山学院所在地——黄山市，以其独特的自然景观和灿烂辉煌的文化吸引着世界各地的游客，国家领导人十分关注。邓小平、江泽民等都曾登临黄山，对黄山的发展都做出了重要指示。安徽省委、省政府高度重视黄山旅游、文化事业的发展，制定了“两山一湖”的发展战略。为贯彻落实科学发展观的要求、加快全面建设小康社会的步伐，黄山市委、市政府提出在全国率先建成旅游大市、文化大市、生态大市。上述目标的实现，需要有高层次的教育和专业人才来保障，创建国际旅游城市必须有相应的高等教育与之匹配。作为坐落在黄山市的唯一高校，黄山学院在进一步保护开发利用黄山区域丰富的旅游资源、深层次挖掘徽文化的深厚底蕴、推动黄山市的世纪腾飞中承担重要的历史责任。正如市委领导在学校调研时指出的

“黄山要建设现代国际旅游城市，离不开黄山学院的智力支持，黄山学院在黄山新一轮发展的历史进程中必然大有作为，必将成为推动黄山大跨越发展、实现率先崛起的强大引擎和不竭动力”。历史责任和时代使命，为黄山学院在办学过程中，进一步全方位融入地方经济社会发展，在服务地方中办出特色、形成优势提供难得的机遇，创造了有利的外部环境。

黄山学院升本以来，在谋划学校发展战略过程中，确立了全面推进市校合作共建，借助区位优势、资源优势，推动学校创品牌和“以服务求支持，以贡献求发展”的发展思路，充分利用地域资源和优势，积极、主动地参与地方经济建设和社会发展，在为地方社会经济可持续发展、构建和谐社会提供服务中实现学校的发展。

一、优化学科专业结构，培养适应地方经济社会发展需要的应用型人才

2002 年我校 6 个本科专业开始招生，到 2007 年本科专业增加到 36 个。新增的本科专业主要集中在旅游经济、徽州文化、生态环境等地方经济和社会发展的重点、热点领域。2005 年底，学校在编制“十一五”发展规划时，多次征求过黄山市有关部门的意见和建议，力求使学校的发展与地方经济社会发展紧密联系起来。在学校稳步扩大规模、优化学科专业结构的同时，不断深化教育教学改革，加强内涵建设，学校的教育教学质量不断提高。从就业单位反馈的信息看，我校毕业生以其扎实的专业基础和较强业务能力，赢得了用人单位的高度评价。以旅游专业为例，该专业已先后为黄山市输送了 2000 余名具有良好素质的旅游人才，大都已成为当地旅游行政部门、规划部门、旅游企业的骨干力量，为黄山市旅游业发展做出了积极贡献。从黄山旅游股份公司的高级别决策层到所属企业的各级领导层都有着一大批黄山学院旅游专业的毕业生，他们在各自的工作岗位上发挥着巨大的作用。同时，旅游学院还充分

利用教育资源的优势，积极为地方旅游经济发展服务，已成为黄山市旅游从业人员的培训和服务的支柱力量。该院先后为黄山市导游资格考试报考人员培训5次，人数近2000人，通过培训使黄山市考生有着较高的取证率，受到了考生和有关部门的高度赞赏，取得了极好的社会效益；其次每年还对导游员和饭店员工进行系统的理论和技能培训，接受培训人员总计达到数千人，极大提高了从业人员的整体素质，塑造了从业人员良好的职业形象，为黄山市旅游的和谐发展奠定了人才基础。2004年先后组织了4批8人次全程参与黄山旅游股份集团机构改革工作，为黄山旅游发展选好专业性的管理人才做出了贡献。2001年5月江泽民总书记来黄山视察时，该院历届毕业生王玉求、蒋家平、方颖、余丹、朱帅虎等人在接待江总书记的工作中都承担着重要的职责，并出色、圆满地完成了接待任务。学校通过建立市校共建机制，争取黄山市制定了一系列吸引毕业生留在黄山工作的优惠待遇，越来越多的毕业生选择黄山就业创业，留在黄山市就业的2007届毕业生占当年毕业生总数的30%，一大批黄山学院的学生在黄山市的各行各业中发挥着重要的作用。

二、加强徽学研究，发掘地方文化资源，弘扬徽州文化

黄山市不仅以其神奇美妙的自然景观名扬中外，更以灿烂辉煌的徽文化著称于世。徽州文化内涵丰富，门类众多，风格独特。2001年5月，江泽民同志在视察黄山、谈到徽州文化时指出："如此灿烂的文化，如此博大精深的文化，要把它世世代代传下去，让它永远立于世界文化之林。"黄山学院，一贯重视徽学研究，徽学研究已成为黄山学院办学的一大特色和"亮点"。学校完成了国家"八五"重点图书六卷本《戴震全集》的编纂工作；承担了国家社科基金项目安徽省大型丛书编纂工程《徽州文化全书》有关子目图书的撰稿工作；完成了省厅科研项目《徽州学概论》的出版工作，并获2001年安

徽省第五届社科优秀成果著作三等奖；完成了《徽州历代语言学家评传》的编写出版工作；完成了《徽州古村落》丛书的编写出版工作。徽州文化研究资料中心已收藏9万多件徽州原始契约文书、200多部家谱族谱和大量徽州学资料，已成为国内高校中拥有徽文化资料最多的单位，为徽学研究提供了良好条件。学校设有徽州文化研究所、徽州文化资料中心、戴震研究会、陶行知教育思想研究会等学术机构。《黄山学院学报》辟有黄山旅游研究、徽州文化研究、朱熹研究、戴震研究、陶行知教育思想研究、胡适研究等特色栏目，深受学术界的关注。应该说黄山学院扛起了挖掘和弘扬徽州文化的大旗，在把黄山市建设成为文化大市方面扮演着重要的角色。

三、积极发展特色科研，服务地方经济与社会发展

学校确立了立足地域资源、发展高校优势、服务地方发展的科研工作思路。适应地方经济社会发展需要，学校在重点建设徽州文化研究所的同时，先后成立生物资源研究所、经济管理研究所、世界遗产保护研究所、徽州方言研究所，以此为平台，整合校内科研资源，集中优势科研力量，把促进黄山市旅游经济发展、改善和保护生态环境作为新的科研重点和突破口。学校坚持产学研相结合，积极推进科技成果转化。产学研结合、科技成果转化是科技创新的重要目标。高校在人才、智力等方面得天独厚，企业在技术、设备等方面优势明显。校企联姻，优势互补，是地方高校服务地方经济的有效途径。它有利于构筑设备精良的研究基地，组建开拓创新的学科团队，拓宽科研项目的立项渠道，加速科技成果的转化和推广应用，打造具有科研竞争力的地方高校品牌。

学校利用专业特长和优势，积极参与黄山市旅游发展战略和规划的制订工作，围绕黄山市“旅游大市、文化大市、生态大市”的目标开展了一系列的项目研究。旅游学院教师主持的“黄山旅游发展现状及对策研究”的报告作为黄山市政

府“15+1”市长论坛重要论证材料，受到高度重视；先后主持徽杭高速公路（安徽段）的文化景观规划、齐云山旅游发展规划、黟县屏山古村落旅游开发规划等多项课题规划工作，成为黄山市旅游发展的重要顾问；充分利用地缘优势，结合黄山旅游发展的实际，通过大量的实地调研，撰写并发表了一系列具有重要学术价值和利用价值的有关黄山旅游经济方面的研究论文，为政府进行旅游发展决策提供科学依据和理论背景。生环学院的老师先后主持了汤屯高速公路沿线生态环境及其影响评价、宏村生态环境保护等课题，目前正在着手进行黄山风景区生物多样性调查和保护规划的制订、新安江流域水土保护和生物多样性调查和保护规划的制订。旅游、生物、资源、中文、经法、艺术等系的教师多次参与市委、市政府组织的创建旅游大市、文化大市、生态大市的调研、咨询活动。市委、市政府及主要职能部门的领导也多次到黄山学院进行专题调研，倾听专家意见。黄山学院为地方政府提供决策咨询服务的能力不断增强，日益成为地方经济社会发展的智囊团。

四、积极开展对外合作，努力服务于黄山旅游国际化发展战略

学校充分利用区位优势和自身资源，积极扩大对外合作交流，主动融入黄山市建设国际旅游城市中，实现学校的对外合作与黄山市的国际合作和外事活动的全方位对接。学校先后与美、英、法、德、瑞士、韩国等 10 多个国家和地区的教育机构建立了友好合作关系，对外合作办学取得重要进展，2006 年我校招收了首批留学生。市委、市政府大力支持我校开展对外合作办学，李宏鸣市长就这一问题来我校进行了 3 次专题调研，要求学校紧紧抓住黄山市实施旅游国际化发展战略的良好机遇，进一步拓展对外合作办学的空间，充分利用国内外教育资源，提升对外合作办学的内涵，逐步提高学校的办学声誉和社会影响力，不断提高服务于黄山旅游国际化发展战略的能力

和水平。学校在建设过程中，十分重视校园规划和校园的生态、文化建设，力求实现“校在山中、楼在林中、人在画中”的生态校园、人文校园的目标。优美的校园环境和丰富的教育文化资源，引来众多国内外教育机构、专家学者和官员来校考察，学校正成为黄山市对外交流、合作的重要窗口和合作基地。学校还在参与黄山市政治、经济、文化等各种类型社会活动中发挥了重要的作用。

黄山市委、市政府高度重视黄山学院的建设和发展，充分发挥黄山学院在黄山市社会政治、经济和文化活动中的作用。黄山学院被黄山市委、市政府和黄山人民喻为“黄山人民想往的高地、黄山人才成长的摇篮”。黄山市委王启敏书记曾在多种场合说过，黄山有“三宝”，就是黄山风景区、黄山驻军和黄山学院。学校连续 3 年被市委市政府授予中央、省驻黄单位“突出贡献奖”。

五、在服务地方中，增强实力和动力，实现又好又快发展

黄山学院立足地方，以服务于地方经济社会发展为己任，在服务中寻找机遇、增强信心、创造条件，努力实现学校的又好又快发展。

黄山学院进一步增强了办出特色的信心。黄山学院“打好黄山牌，做好徽文章，建好生态园，走好师范路”的专业发展思路，需要在经济社会实践中进一步加以提炼，进一步突出重点，从而办出几个既切合当地实际，又在全省乃至全国有影响的拳头专业，办出鲜明的特色和个性，这也是高校竞争力的重要体现。以景观、文化和生态为基础的黄山旅游事业的不断发展，必将进一步促进黄山学院调整专业结构、改变人才培养和就业模式，为黄山学院特色的形成创造有利的条件。

黄山学院的特色科研水平逐步提高。作为一所新建本科院校，如何提高科研层次、提高科研水平是黄山学院的当务之急。黄山市旅游事业的不断发展，建设旅游大市、文化大市、

生态大市新的实践的不断深入，为黄山学院的师生提供了开展科研活动的大舞台。近年来，黄山学院的重要科研成果，如徽州文化研究、野生动植物繁殖技术、经济作物速生丰产技术等，都与黄山市的经济社会实践有着不可分割的关系。

黄山学院的社会影响力明显增强。近年来，随着学校办学规模的扩大、内涵的提升、教学质量的提高、服务地方经济社会发展能力的增强，黄山学院在黄山市乃至皖南地区的社会影响力正逐步显现出来，学校也因此赢得了市委市政府以及社会各界的充分信任和大力支持。市委、市政府在土地划拨、项目审批上给予了充分关照，把学校新校区建设列为黄山市重点工程并予以政策的优惠，近年来累计减免各种工程税费近500万元，极大地支持了学校的建设和发展；市委、市政府把2006年中央电视台《同一首歌·走进黄山》大型文艺演出、2007年黄山市建市20周年庆典大会暨文艺演出都指定在我校进行，演出的圆满成功，集中展示了我校规范、有序、严谨的精神风貌，扩大了学校的知名度和美誉度；黄山市有关部门在向学校寻求发展旅游经济、弘扬徽州文化、保护生态环境等方面的智力和人才支持的同时，也积极主动地在学科专业建设、科学研究、人才引进、毕业生就业等方面为学校献计献策，并给予政策支持。

当今大学相对于所在地方或服务的区域而言，在科技资源、文化资源、智力资源、人才资源、精神资源和环境资源等方面都具有不可替代的显著优势，大学由社会的边缘走向社会的中心，成为推动社会发展的人才库、思想库、知识库、智力库。我们相信，只要我们在省委教育工委和省教育厅的正确领导下，坚持立足地方，“以服务求支持，以贡献求发展”，就一定能够办出水平、办出特色、形成优势。

（2007年11月在黄山学院召开“全省新建本科院校研讨会”交流论文）

建设应用型本科高校的调研报告

在深入学习实践科学发展观活动中，我校在认真分析校情，把握科学发展观内涵的基础上，提出了“坚持科学发展，依托地域优势，建设特色鲜明的应用型本科院校”的实践主题。围绕这一主题，党委班子成员分成三个组，在校内外进行了广泛深入的调研，现将本人的调研情况报告如下：

一、围绕建设应用型本科调研的基本情况

这一次调研，可以说是学校站在新的历史发展起点上，在科学发展观的引领下，探索如何提升内涵品质、如何办出特色、如何创新发展思路的调研，是一次问计于政府、问计于企业、问计于社会、问计于师生的高质量调研。

我作为党委主要负责人和学习实践活动领导组的组长，必须带头调研，带头思考问题，带头谋划学校又好又快地发展。在黄山市三区四县调研中，我到了黄山区和祁门县，在黄山区考察了5家企业和新农村建设示范点以及社区建设，召开了区政府职能部门负责人和十几家企业老总参加的座谈会，听取了区委、区政府主要负责人的介绍。在祁门县考察了6家企业，出席了校企合作签字仪式，召开了各方面代表参加的座谈会，听取了县委县政府主要负责同志的介绍。通过调研，搭起了高校贴近地方、融入地方、服务地方的平台，了解了企业对应用型人才的培养要求，促进了产学研合作的项目对接。为了鼓励、扶持大学生自主创业，调研了黄山学院在屯溪市的三个大

学生自主创业基地。大学生的创业实践给我们的启示是：学校在人才培养方案方面必须深入改革。在校内调研中，到联系点文学院和机关总支召开了座谈会，听取了他们对学校发展的意见和建议。前不久，学校领导集体带领部分部门中层干部到绩溪县考察了4家企业和1所职业学校，县委主要负责同志介绍了县情和落实科学发展观的情况。学校党委还专门召开了双高人员（教授、博士）座谈会。在广泛深入调研的基础上，党委集中主要中层干部在绩溪县召开应用型本科研讨会。研讨会就巩固调研成果、制定建设应用型本科方案等问题达成了共识，收益很大。

二、应用型本科的内涵和基本特征

何谓应用型本科？对这一概念的理解，可谓仁者见仁，智者见智，表述很多。笔者认为应用型本科是高等教育由单一学术型的精英教育向多种应用型的大众化教育演变的一种新的教育类型。21世纪是中国高等教育优先发展的世纪。中国高等教育由精英教育走向大众化教育，并在办学规格、办学层次、办学类型上出现了多样化的特征。因此，可以说，应用型本科是新时期高等教育大众化、多样化的必然产物。“依托学科、注重专业、突出应用的以本科教育为主的院校，我们称之为应用型大学。”① 这类高校培养的主要特点是：“学以致用，具有一定的理论联系实际，以及解决实际问题的能力。”②

调研中，很多专家都认为，应用型高校有别于学术型高校，它更强调实践性、应用性和专业性，它也不同于专科院校和职业技术学院，即它要求学生具备宽厚的学科基础和适应性较强的知识平台，使学生具备较强的终身学习能力，有进一步发展的后劲。有学者认为，应用型教育存在学术应用型（含

① 孔繁敏等著．建设应用型大学之路［M］．北京大学出版社，2006：32.
② 孔繁敏等著．建设应用型大学之路［M］．北京大学出版社，2006：32.

基础应用研究）、工程应用型、技术应用型、技能应用型四种教育类别，第二、三者属于专业应用型教育，后者属于职业应用型教育。不同的教育类型在承担人才培养、科学研究、社会服务三大功能方面，有着内在的逻辑差异和教育使命。黄山学院定位于“专业应用型”教育，反映出人才培养专业化、应用科研专业化和区域服务专业化及发展价值性。并在内涵建设中，形成与学术型高校的错位发展和特色发展。专业应用型本科教育既非宽泛的工程科学教育，亦非狭窄的职业技能培训，而是以适应用人单位为实际需求，以大众化教育为取向，面向基层和生产第一线，强调培养实践能力和创新精神的教育。

从很多专家和企业老总对应用型人才的总结和看法来看，应用型人才有以下特征：（1）从知识结构上讲，强调以知识为基础的宽厚的专业基础知识、宽广的知识面，强调知识体系的完整系统和科学性。（2）从能力结构上讲，不仅要在科技的应用方面有突出能力，还应具备较强的科学探索精神，较强的创新精神、创新能力和创业能力。（3）面向社会，服务社会，能在推动经济社会发展中通过创新产品生产技术和工艺、提升产品科技含量、促进科学管理等方式创造价值。（4）受到系统的实践训练和锻炼，具有适应社会科技发展的较强的职业素质和实践能力。（5）知识、能力、素质结构围绕着工程应用和科技创新而构建，既要有“知识”、“能力”，更要有使知识和能力得到充分发挥的“素质”，应当具有厚基础、强能力、高素质三个突出特点。

三、黄山学院定位于应用型本科是落实科学办学观的必然选择

黄山学院于2002年在专科基础上升格为本科。升本后的黄山学院办什么样的本科，怎样才能办好本科，一直是党委认真思考和精心谋划的战略重点。在升本的初期，学校的工作重点放在扩大规模、扩大基建、扩大招生的“三扩”上，如今

学生规模已发展到13000多人，学科专业已发展到60多个，校园面积由原来300多亩扩大到1800多亩，新校区已基本建成，学校环境逐步呈现出校在山中、楼在林中、人在画中的优美景象。可以说，新建本科是经过超常规的跨越式发展，已完成了原始积累工作。在当前形势下，用科学发展观来考量学校的现状和未来，把自身放在全国高教大局中去审视，学校必须进行战略重点转移，坚持以提高教育教学质量、提升内涵品质、提炼办学特色的“三提”为重点。

从全国来看，新建本科院校在推进高等教育大众化、多样化、地方化进程方面的作用正日益显现，并成为我国应用型本科教育发展的重要基地。新建本科院校选择什么样的发展道路，找准什么样的办学定位，事关中国高等教育多样发展的重大问题和战略全局。潘懋元教授讲到：“每所学校能否办成功，在于找准自己的优势，办出自己的特色，确定自己的发展方向。”[①] 因此，黄山学院很有必要就办学理念、办学定位、办学特色、发展模式等重大问题和应对策略等问题进行探讨和实践，为学校实现错位发展和差异发展提供理论和管理上的创新。学校升本后，我校开展过多次解放思想、转变观念大讨论，提出了“打响黄山牌，做好徽文章，建好生态园，走好师范路”的办学主张。这是着眼于自身生态环境与长远大局，准确把握学校定位与发展方向，创新办学思路，挖掘地域资源，追求特色优势的举措。

从人才发展特征看，黄山学院办学定位于应用型本科是中国高等教育多样化、多规格、多层次发展以及高等教育人才类型和层次多样化发展的实际需要。很多企业都反映，社会人才类型与层次是多样化的，社会经济发展不仅需要一定的研究型人才、学术型人才，更需要大量从事实际工作的应用型人才。

从学校自身发展来看，定位于应用型本科是谋求发展、形

① 潘懋元．我看应用型本科院校定位问题［J］．教育发展研究，2007，7（8）：36.

成比较优势、凸显特色的战略需要。学校与国内老牌本科大学相比，不但有升本办学历史短、文化积淀浅、区域位置偏等先天不足，而且受学科建设、师资力量、生源层次、管理模式、教学水平、办学传统等方面的局限，难以培养出高层次、高水平的理论型人才。因此，只有从自身条件出发，扬长避短，发展具有自身特色的新路子，与老牌本科院校“错位经营，差异发展”，才能在高校的发展竞争中立足，并且形成自己的品牌。

四、找准建设应用型本科高校的着力点

建设应用型本科，培养应用型人才可以说是一个重大的新课题，它既是一个理论问题，也是一个实践问题，是一个复杂的系统工程，需要从理论到实践进行努力探索并且不断加以完善。从调研得到的启发，应从以下方面着力下功夫：

1. 重视理论研究，把握内涵

建设应用型本科对黄山学院这样在师范专科基础上升本的学校来讲，是一个重大的跨越。应用型本科与应用型人才的概念是一个随社会发展而不断变化的动态概念。在人类已经开始进入后工业时代的今天，适应当今社会发展的应用型大学的内涵是什么？应用型本科人才的内涵是什么？有什么样的特征？认知结构如何？如何培养出合格的应用型本科人才？这些都是摆在我们面前的现实问题。思路决定出路，观念决定行动，眼界决定境界。我们必须运用科学发展观来指导，解放思想，创新观念，将应用型、特色化、地方性等问题综合研究，把握深刻内涵。只有这样，才能增强自觉性，减少盲目性。

2. 构建以“应用”为目标，以“创新”为特征的人才培养模式

应用型创新人才培养应突出以“应用”为目标，以“创新”为特征。对一所高校来说，应在人才培养模式的顶层设计和理论教学体系构建上进行深入研究，对现有的

学科结构、课程体系及其他教学环节进行改革和创新，增设创新类课程，加大应用性教学力度，进一步重组和优化教学体系。

要采用模块式的课程结构，实现“纵向可提升，横向可转移”。比如通识基础模块、专业基础模块、专业技术模块、文化科学素质选修模块、专业方向选修模块等，且各类模块课程具有相对独立性，围绕培养对象所要求必备的知识、能力、素质结构紧密连接，给学生根据市场需要与个性特点以较大的选择性。

3. 在“服务地方”上下功夫，在“培育特色”上做文章

为地方服务应成为建设应用型本科的生存之基和活力之源，黄山地区有着丰厚的旅游资源、博大精深的文化资源和丰富的生态资源，这是学校发展的源头活水。学校应积极融入当地经济建设，主动适应社会需要，与当地政府和企事业单位建立稳定、可靠、互利的合作关系，利用校内各种资源特别是智力优势，全方位服务于社会，建立起学校各项事业发展与当地的现代化建设和改革开放互动双赢的总体格局。

学校要注重对学科、专业结构的调整和改进，打造新的人才培养平台，融入富有时代气息、适应高新技术发展、符合市场经济需要的新的学科和专业体系。在培育特色中，要坚持有所为有所不为，扬长避短，要分类指导，绝不能搞一刀切，要因学科、专业而制宜，发挥比较优势。

4. 建设应用型本科，师资转型是关键

建设应用型本科，教师队伍是关键因素。必须建设一支与办学定位相一致的，具有较强实践能力，能胜任培养应用型人才的师资队伍。从师范类过来的师资，长于理论和知识教学，短于知识应用和技术动手能力。从人的思维习惯来讲，愿意走老路的人不多，但习惯于走老路的人不少。因此，培养应用型人才，首先是老师要成为“双师”，既能讲授理论课，又能动手技术操作，并且具有创新能力。老师积极走出去，深入企

业、深入基层，开展产学研合作。学校要大胆请进一批企业家、工程技术人员来校兼职，指导学生实习实训，与老师联合开展科研等活动。

（收入安徽省高校《深入学习实践科学发展观调研报告集》）

积极探索为服务地方经济社会发展作贡献的办学之路

黄山学院作为新升本的高校，在发展进程中首要的问题是要解决好“办什么样的黄山学院”和“怎样办好黄山学院”。多年来，我们认真思考，不懈探索，努力实践，逐渐形成了自己的办学定位和实践模式，走出了一条服务地方、凸现办学特色、提高应用型人才培养质量的成功之路。

一

进入新世纪以来，高等教育的改革和发展出现了前所未有的好环境、好机遇、好势头，同时，也由于新情况、新目标、新使命而面临着空前的大压力、大挑战、大考验。新形势下，新升本的地方高校在区域经济社会发展中的地位和作用日益重要，服务区域经济社会发展是地方高校发展的内在动力。在长期的办学中，黄山学院立足地方，牢固树立“以服务求支持，以贡献求发展”的理念，始终坚持把为地方经济建设和社会发展服务放在突出位置，发挥学科、专业、技术和人才优势，积极思考并主动参与地方经济社会发展的对接，以服务当地经济建设和社会发展来推动学校的自身发展。通过服务地方，实现学校办学定位和自身价值，赢得办学资源，开拓办学空间，增强办学活力。根据黄山市提出的建设旅游大市、文化大市、生态大市的发展目标，学校确定了“打响黄山牌，做好徽文章，建好生态园”的学科建设思路。围绕“打响黄山牌”，重点办好与旅游经济相关的旅游管理、市场营销、旅游英语、烹饪工艺、烹饪与营养教育、艺术设计等一批紧贴地方经济发展的专业，切实为黄山建设现代国际旅游城市提供智力支撑和人才保障；围绕“做好徽文章”，大力扶持与传承徽州文化相关的汉语言文学、建筑学、美术学（含新安画派）、烹饪工艺（含徽菜）、自然与文化遗产保护等有传统文化底蕴的专业，弘扬和发展徽州文化；围绕“建好生态园”，积极主动的发展与黄山生态环境保护相关的生态学、林学、园艺、环境监测与治理技术、资源环境与城市环境、野生动物与自然保护区管理、生物技术等实用专业，为建设生态大市服务。近年来新增的自动化、机械设计制造、化学工程、日语、韩语等专业，以“服务地方经济建设”为主要依据，着力为构建现代国际旅游城市作贡献。

在第二批深入学习实践科学发展观活动中，学校提出“坚持科学发展，依托地域优势，建设特色鲜明的应用型本科院校”作为学习实践主题。在实践活动的整改阶段，围绕着应用型本科院校的建设目标，按照“注重基础，拓宽专业，强化实践，突出能力，面向应用，培养创新，体现素质”的应用型人才培养目标，根据社会对人才的需求，修订和完善了本科各专业的培养方案，突出以学生能力培养为核心，重视学生知识和能力、素质协调发展，着力培养具有创新精神、实践能力和社会适应能力、实用能力的高素质的应用型人才。

二

高校这几年的超常规发展，实现了高等教育大众化的目标，取得了骄人的业绩。但地方新建院校如何走出千校一面的传统办学老路，在依托地方、服务地方中，形成自己的办学个性，凝练自己的竞争优势，塑造自己的特色品牌，这是亟待解决的现实问题。黄山学院在充分调查研究、分析校情的基础上，提出了“走特色发展之路”的战略思路。学校党委和行政领导班子充分认识到办好一所学校，特色就是力量，特色就是水平，有特色就有优势，有特色就有竞争力，有特色就能可持续发展。

地方经济建设和社会发展的特色资源是高校走特色发展之路的源泉和活水。黄山学院坐落在风景秀丽、生态优美、文风馥郁的黄山市，这里有着享誉中外的旅游资源、丰厚无比的生态资源和博大精深的文化资源，为学校创造特色、形成人无我有的优势提供了得天独厚的有利条件。学校将旅游经济、生态园林和徽州文化三大学科群作为重点进行建设和培养，已经形成了特色鲜明的比较优势。

优势学科的打造离不开“大师”的引进和学术团队的培养。学校高度重视拔尖人才的引进和培养，着力打造“人才工程”，先后引进高学历、高职称教师400多人，其中教授8人，博士研究生30多人。

学校在服务地方、凝练办学特色的实践中，积极发展依托地域优势的特色科研，在重点建设徽州文化研究所的同时，先后成立了生物资源研究所、经济管理研究所、世界遗产保护研究所、徽州方言研究所、非物质遗产研究中心等，以此为平台，整合校内科研资源，集中优势科研力量，把促进黄山市旅游经济发展、改善和保护生态环境以及弘扬徽州文化作为科研重点和突破口，仅近两年，学校就争取到三项国家级自然科学基金和三项国家社会科学基金项目，扩大了学校的影响和知名度。

高品位有特色的大学文化能提升学校的品位和声誉，高层次个性特征鲜明的校园文化能提高大学生的素质和能力。徽州文化为学校提供了最为深厚的发展沃土和文化营养，是建设独具特色的大学文化以及校园文化的优势资源，也是黄山学院区别于其他高校的身份证。黄山学院的文化建设就是循着这样的路径前行，从而形成了自己的特色和优势，并在2008年全国高校校园文化建设优秀成果评选中喜获优秀奖。

三

我国高等教育已经进入“大众化”阶段，呈现出多元发展的趋势，质量作为学校的永恒主题受到了前所未有的重视和关注。高校的教育质量是学校的生命线，是服务地方的前提和基础。多年的办学实践表明，良好的声誉是推动学校发展的关键，而获得良好声誉的关键是教学质量的不断提高。因此，不断提高教学质量是学校的头等大事。近几年，学校大力实施“质量工程”，把提高教育质量作为“内涵发展”的核心内容来抓，强化质量意识，教育教学质量不断提高，社会声誉日渐攀升，服务地方经济建设和社会发展的功能逐渐增强。

为提高教育教学质量，增强服务社会能力，学校不断深化应用型人才培养模式改革，构建以“应用”为目标，以“创新”为特征的人才培养模式。

1. 人才培养目标、培养规格方面，着力培养基础知识实用，专业教育重特色，动手能力较强，综合素质较高，富有创新精神和创业能力，能主动符合社会和经济发展进步的具有适应能力、实用能力的高素质应用型人才。这些年，黄山学院毕业生以其较高的综合素质深受用人单位欢迎，毕业生初次就业率分别为94.2%、96.1%、96.5%、97.1%，连续4年被评为全省就业工作先进高校，中央电视台、中国教育报、安徽日报等新闻媒体先后报道了我校的就业工作。

2. 在教学内容和课程设置方面，打破严格的学科理论体系，按照实际岗位对人才知识、能力、素质的要求来组织教学内容，采用模块式的课程结构，实现“纵向可提升，横向可转移”。

3. 重视实习实训基地建设，增强学生的实践能力。多年来，学校按照“内外并举，主体多元，突出应用性、规范性、先进性”的实用实训要求，已建成校内17个实训室、253个校外实习基地。通过强化学生的动手能力，学生的综合素质得到提高，60% ~70% 的学生在毕业时能手持 1 至 2 门中高级技能证书。

4. 以校企合作为基础，坚持走产学研结合的发展之路。高校在人才、智力等方面有得天独厚的优势，企业在技术、设备等方面具备有利条件。校企联姻，优势互补，实现双赢，是学校服务地方经济的有效途径。学校近年来积极参与到当地企业的项目研发、课题研究、技术改造和科技创新等中，成为企业发展的强力支撑，同时也更加丰富了学校紧贴市场的办学内容。

5. 志愿服务，展现学子风采。志愿者精神不仅是社会的迫切需要，也是莘莘学子成长发展的重要内容。黄山市作为旅游城市，举办的重大节庆活动很多，学校积极组织学生参加各类志愿者服务，成为一支重要的力量。学校明确要求，每个大学生至少要完成一项志愿者服务社会活动，作为其大学经历中必不可少的一个组成部分。大学生参加志愿者服务活动，不仅增强了社会责任感，锻炼了实际能力，也培养了热爱地方的思想感情。近年来，毕业生选择在当地就业的比例由原来的不足 10% 提升到了 30% 左右。

6. 立足地方，走向国际。学校在依托地域优势的同时，重视开拓国际化办学路子。为了呼应黄山市建设现代国际旅游城市的需要，学校广泛与境外高校交流，先后与美国、法国、瑞士、韩国、香港、台湾等国家和地区高校开展合作办学、教师互访、学生互派、文化互动，国际化办学路子越走越宽广，为黄山国际化城市发展提供了有力的支撑和促进。

（发表于《安徽调研》2010 年第 2 期）

徽学研究

戴震“民本”思想及现代意义

戴震是古徽州继朱熹之后最重要的思想家。他在语言文字训诂考证、天文历算地志等等领域学术成就很大，然而他最重要的成就还在其哲学思想。戴震“十七岁有志于闻道”，就一直把探索社会治乱之源作为自己的治学目的。诚如洪榜所言，戴震抱经世之才，其“论治以富民为本”，戴震终生以阐述和捍卫孔孟儒学原典为己任，特别是对孟子“民贵君轻”思想深深体味，专门写作了《孟子字义疏证》，批判后儒理学以理杀人，指斥天理人欲对立之说，害于事，害于政，“祸斯民也大”。戴震的“民本”思想，是在中国封建社会由全盛开始衰朽的转型期，崛起于万籁俱寂之寒夜的长吼，迸发于万喙息响之荒漠的呼啸，启导了19世纪的曙光。

努力继承和弘扬戴震思想之精华，是对这位中华民族杰出人物的最好纪念。戴震经过几乎是一生的探索，在他完成于去世前一年的代表作《孟子字义疏证》等著作中，对“民本”思想都有比较精彩的阐发。戴震认为“圣人治天下，体民之情，遂民之欲，而王道备”。而今之“尊者以理责卑，长者以理责幼，贵者以理责贱，虽失，谓之顺；卑者，幼者，贱者，以理争之，虽得，谓之逆”，千百年来，封建礼教上下尊卑的等级制度、三纲五常的伦理思想被僵硬地作为套在百姓头上的大网，“于是，下之人不能以天下之同情、天下所同欲达之于上，上以理责其下，而在下之罪，人人不胜指数”。作为下者、卑者、贱者的平民百姓，就这样被封建礼教等级制度的

“理”无情地剥夺了话语权、生存权、发展权。“人死于法，犹有怜之者；死于理，其谁怜之。”戴震发现，孔孟原典中并不漠视和否定“民本”，后儒和封建统治者把封建等级制度僵化地固定为“天理”，把本来主要为“正君心”而提出的“存天理、灭人欲”搬来套在平民百姓头上作为统治的紧箍咒，“只准州官放火，不准百姓点灯”，戴震尖锐地抨击：“此理欲之辨，适成忍而残杀之具。”在当时封建专制主义统治严酷、一般人都“避席畏闻文字狱，著书只为稻粱谋”的政治氛围中，戴震敢于直指封建礼教之非，体现了思想家的大无畏勇气。

戴震在《与某书》中，继续申述了自己的观点。戴震以是否遂民之欲作标准看“理”之正谬，集中反映了他的“民本”思想的可贵。正是从这种阐发和捍卫孔孟原典“民本”思想的立场出发，作为一个平民的贫寒学者，戴震力所能及地为爱民勤政的好官鼓与呼，并努力为利民便民做点实事，有一颗平民思想家亲民爱民的拳拳之心。

戴震十分佩服历史上那些为民的贤君好官。戴震的休宁老乡毕沅，出为官宦，慨然到陇西边远贫苦之地为官，戴震十分欣赏这种锐意进取精神，亲自为之写了《送右庶子毕君赴巩秦阶道序》送行，10 年后，毕沅勤政抚民，官升陕西巡抚，兵部侍郎兼都察院右副都御史，返京述职后赴任，在行前，毕沅深知戴震抱经世之才，有许多“富民”的高见，亲自步入隘巷，到当时在北京修四库全书的戴震寓所，向戴震请教为官富民之道，戴震着重对毕沅阐述了为官“知人”之重要。戴震认为让百姓安居乐业太重要了。“国之本莫重于民，利民病民之本莫重于吏。有一念及其民，则民受一念之福。察吏者，恻隐之实之至于民者也。”戴震还为汾州罗城的清官于成龙作传，赞其“清严忠直，勤劳治事，归于廉慎”。

戴震对那些关心百姓疾苦、利民便民、甘于奉献的志士仁人，特别有一种敬慕之情，为之著文表彰，立传作记。他最敬佩自己的老师江永，不仅是因为江永学问渊博，脾气也和自己一样，不喜科举功名世俗之学，更因为江永还曾设计汪口“曲尺坝”，修水利以利百姓，还援《春秋传》“丰年补败”之义，“设立义仓，行之且三十年，一乡之民，不知有饥”，“善为乡之人谋”。旅扬大徽商汪应庚，在扬州热心社会公益事业，不仅出巨资兴学，还捐田1400亩“入租粟以为岁葺费”，戴震为“虽为贾者，咸近士风”的徽州老乡而高兴，也积极为其作碑记。

戴震起自贫寒，一生在困顿中奔波于京师、淮扬、晋冀各地，著述讲学，最后任四库纂修官。戴震生活虽然坎坷，但其论治以富民为本，始终有一颗竭诚为民的赤子之心。他做学问，始终面对社会现实活泼泼的人生。他20多岁时，就针对“休地山乡，吸水灌田，所需苦力多而无补于大旱，乃变通古法，制赢旋车和自转车，以利农田”。他还专门为之写了两篇文章《赢旋车记》、《龙尾车记》。“今休地西北乡山河傍岸之田，多用自转车，永久亢旱之患，各地仿其法者甚多。”传说为了解决屯溪街洪水之患，戴震还学习江永之法，设计了屯溪珠塘坝，此坝现在还保存完好，较好地解决了屯溪城区居民遭洪水侵浸之苦。戴震晚年在四库馆校理典籍，对于一些当时西洋引进的自然科技，戴震取舍的标准是“利民”，他说“西洋之学，以测量步算为第一，而奇器次之。奇器之中，水法尤切民用”，主张凡“裨益民生之具”，自宜节取，“录而存之”。

戴震的民本思想非常丰富，是中华传统“民本”思想在18世纪的最新发展。当然，戴震虽然尖锐批判上者、尊者“以理杀人”，在一定程度上代表平民阶层要求统治者“体民之情，遂民之欲”，甚至也尖锐地喊出了“乱之本鲜不成于上”的石破天惊之声，要求“平恕”，勇敢质疑封建等级制度的合理性，但他也还不是要否定封建制度体制本身，也还只是要求实现“王道仁政”。他的社会理想，仍是孔孟儒家的治世蓝图。

戴震出身下层平民百姓之家，在程朱理学的故乡亲身感受到后儒理学“存天理、灭人欲”在政治层面对百姓的负面影响，戴震“复具知民生隐曲，而上无一言之惠”，从其民本思想出发，戴震首先对朱熹“理”学从哲学本体论上进行了驳正。戴震一针见血地指出“上下尊卑”等级制度的“理”、三纲五常不可更易的“理”，全是“祸斯民”的统治者的个人“臆见”。在18世纪商品经济进一步发展的时代背景之中，新兴市民阶层对政治地位的呼声日渐强烈，戴震提出“平恕”的主张，站在新兴平民阶层的立场，质疑千百年来“上下尊卑”等级制度的合理性。戴震的“民本”思想不仅更接近孔孟原典本旨，而且有时代性的新涵义。虽然最终戴震未能实现“民本”向“民主”的推进，仍然是传统儒学的“民本”主张，但他的“民本”思想，“官本位”已比朱熹大大减弱，“其哲学之立脚点，真可称二千年一大翻案，其论尊卑顺逆一段，实以平等精神，作伦理学上一大革命”。戴震被誉为中国启蒙思想的先驱，戴震的“民本”思想启导了19世纪的曙光。

戴震的民本思想，有其时代价值和意义，难能可贵，也有其历史的局限，这是不可苛求于前人的，应作历史的、实事求是的分析，要用同情的理解、宽容的心态看待戴震的民本思想。

（发表于《黄山日报·黄山晨刊》2007年）

戴震学术思想研究和戴学资源开发利用

各位专家、各位朋友：

在大家的关心、支持和帮助下，“戴震研究和戴学资源开发利用学术研讨会暨戴震研究会2008年会”今天召开了。这次学术研讨会，由我们戴震研究会和黄山市文联、民盟黄山市委、戴震纪念馆联合举办，黄山学院承办，戴氏族裔协办。首先，请让我代表各主办单位，向前来参加学术研讨会的各位嘉宾表示热烈的欢迎！特别要向从上海、杭州、广东等地远道而来的对会议的召开给予了热情关心和大力支持的各位戴氏族裔们表示热烈的欢迎和感谢！

戴震是清中叶我国杰出的启蒙思想家、百科全书式的大学者，他是徽州文化研究中的一位重要历史人物。戴震逝世以后220多年，国内外对戴震思想学术的研究，学术界一直没有中断，戴震研究所形成的“戴学”，成为徽州文化研究的一个重要内容。我们戴震研究会自1986年成立以来，专门从事戴学研究和关于戴震的学术活动。先后主持召开两次全国和国际性戴震学术研讨会，编撰出版了《戴震学术思想论稿》、《戴学新探》学术专著，编辑出版了《戴震全集》，在研究、宣传、普及戴震学术方面做了一些工作。现在，徽州文化研究和开发利用，有了很大的发展，对于徽州文化中戴震这样的重要名人文化资源的研究、开发利用，显得更加重要和迫切。去年以来，上海戴鸿安教授等戴氏族裔，就多次来徽州考察戴震学术遗迹，建议通过文艺创作和现代媒体等手段，加大戴学研究、宣传的力度，扩大戴学的影响，普及戴震学术，为黄山市建设现代国际旅游城服务，推动现代文明建设。因此，作为戴学专门学术团体，我们有必要在原来的基础上，继续将戴学研究向前推进。这里从我们研究会今后的戴震思想学术研究和戴学资源开发利用两个方面谈几点想法。

一、戴震学术思想研究

戴震的思想学术，广涉哲学、语言文字学、自然科学的各个领域，尤其是他的“体民之情、遂民之欲”的哲学思想，质疑封建等级制度，批判后儒“以理杀人”，构成新“理”学思想体系，具有时代意义和深远影响。对于戴震哲学思想的探析研究，200 年来专著、论文很多，以胡适所著的《戴东原的哲学》为代表，对于戴氏哲学的地位、价值、意义，基本上已有定论。对于戴氏哲学在当代社会中的启迪意义，近年来也有不少文章进行探析。我们研究会今后也仍然需要在戴震哲学思想研究上有新的拓进，戴氏哲学产生的徽州文化地域社会背景、戴氏哲学形成的历史过程、戴氏哲学在徽州本土的影响等等议题，或许可以成为我们今后戴学研究的特色科研课题。我们可以结合徽州社会历史实际和清中叶社会现实，扩开视野，多视角探讨东原哲学、探讨东原思想的价值。戴震在其他领域的学术成就的探讨，目前也还大有空间：像戴震音韵学和江永的关系；戴震语言学和程瑶田的关系；像戴震对山川水系的研究；戴震《水地记》的撰写；像戴震对方言的疏证，等等这些方面的研究，还有许多课题可以做，研究也还才刚刚开始。总之，我们研究会的戴学研究，要充分依托身在戴震故里的地利优势、资料优势和徽州文化优势，走自己的特色之路，扬长避短。我们出版的《戴震全集》，其中许多第一次公开刊行的戴震著作，到目前还尚未有人做专门研究。我们在编纂戴震全集时从国内外各大图书馆收集来的大量戴震著作手稿（复印件)，还可以通过研究，拿出一些戴学新成果，是我们戴学研究者又一个很好的施展空间。我们全体会员，只要下功夫进入，戴震学术研究就会有一个新的局面。

二、戴学资源开发利用

在目前日益重视徽州文化生态整体空间保护的情势下，“戴学资源”的保护开发利用问题更为紧迫，研究会责无旁贷。

戴学资源第一是有关戴震学术遗迹遗存的保护、开发、利用。在戴震故里，戴震故居已基本消失，唯一的遗存古欢园院墙石库门也已经倒塌，戴震手植的板栗树、桂花树已经绝迹，“洗砚池”也已盖成了民房，残存的水井也已成了臭水宕。戴震的学术遗迹、遗存，需要有眼力、有魄力和有财力者加以修葺、复原、保护、利用，使之成为以后的戴震学术活动基地。在屯溪隆阜，还有荆墩祠遗址、云起亭遗址、红庙遗址、朱塘坝、卖姜老人墓遗址、戴震墓等等，这些重要徽州文化生态的复原或修复，可能是戴学资源作为文化旅游资源的一个整合和发掘，意义自不待言。早在上个世纪20年代，海内外戴氏族裔就有恢复戴震故居的设想，梁启超也为戴震故居专门写过文章，戴震学术遗迹资源，是最重要的人文资源。

戴学资源第二是关于戴震名人文化资源的开发利用。戴震虽然在学术文化界名声很大，但在一般民众中，社会知名度不够广泛。关于戴震的文学作品、艺术作品，可以开拓的空间还很大。戴震坎坷的人生经历和独特的学术之路，为编写“戴震传奇”准备了丰富的资料基础，从文学艺术上开发利用戴学资源，不仅可以扩大戴学影响，也可以为徽州文化名人旅游增添新亮点。另外，关于戴学的普及性读物，适合各层次人群的文化产品包括相关纪念品的开发，都还有许多事可以做。总之，戴学资源的开发利用，目前正是时机，学术文化界、企业界、海内外戴氏族裔，各方面应该多多沟通和结合，积极探索路子，设计项目，把这一部分宝贵的闲置资源利用起来。

戴震研究会20多年走来不易，开展戴学研究活动靠全体会员和各方面的共同努力。我们欢迎各方领导、各路高人发表高见，群策群力，把戴震研究和戴学资源开发利用，作一个大的推进，在这一方面为我市的文化名人资源开发利用走出新的路子。

谢谢大家！

（2008年在黄山学院召开的“戴震研究会座谈会”上的讲话）

弘扬徽商精神　加速安徽崛起

——安徽参与“泛长三角”合作的战略思考

在全球经济一体化步伐加快的当今时代，区域竞争日趋激烈，区域文化的大发展大繁荣成为区域经济发展的助推器。在安徽正处于厚积薄发、奋力崛起的关键时期，胡锦涛总书记莅临安徽视察并发表了饱含深情的重要讲话，针对区域经济与区域文化快速发展的大势，总书记提出安徽要积极参与泛长三角区域发展分工，主动承接沿海地区产业转移，不断加固与兄弟省份的横向经济联合和协作。总书记对区域文化资源高度重视，提出安徽文化底蕴深厚，要充分发挥自己的优势，强化精品意识，努力在社会主义文化建设方面取得重大成绩。胡锦涛总书记高瞻远瞩，指出了安徽快速崛起的独特优势和发展路径。

一、古徽商文化在长三角区域的历史贡献

从历史看，安徽与长三角之间很早就开始有密切的联系，尤其是明清时期，徽商雄踞中国商界300多年，成为当时中国最大商帮和经济亮点，在长三角地区有“无徽不成镇”之说。受程朱理学的影响，徽商贾而为儒，日较锱铢夜读书，经商重文化，出现了商成帮、学成派的兴盛景象，在中国经济史和中外文化史上写下了彪炳千秋的绚丽华章。

古徽州因地狭人稠，“十三四岁”就必经“往外一丢”，出门做生意，“以商贾为第一等生业”。徽州紧邻商业经济发

达的浙江和江苏，所以徽州人一走出马头墙，江浙一带自然就成为徽州人闯荡商海的首选地。自宋以来，杭州一直是徽商云集。仅徽商在杭州城的茶庄就有 58 家之多。在盐、典、木、粮、丝绸等经商活动中，杭州城里可谓徽商遍布。至于在杭州从小伙计而发迹的绩溪人胡雪岩，成为富甲一方的红顶商人，是徽商的典型代表。苏州和杭州一样，同是徽商密集之地。苏州的米、布、茶、木、丝绸等经营都有徽商的广泛参与。徽学研究专家唐力行教授在《苏州与徽州》一书中讲到："大阜潘氏原是商贾专家，清初迁入于苏州，经过百余年的发展，至乾嘉以后成为苏州势力最为显赫的科第之家、官宦之家、积善之家，同是还是晚清苏州酱园业的行业领袖。"扬州更是徽商的大本营，陈去病记述："徽人在扬州最早，考其时代，当在明中叶，故扬州之盛，实徽商开之，扬盖徽商殖民地也。"徽商大贾江春经营盐业，聚财之巨，实乃少见。乾隆 6 次南巡扬州，都是江春操办接驾，"以布衣上交天子"，深得乾隆褒奖。江春不仅是盐商大贾，而且是发展戏剧文化的推动者，徽班能够进京，地方戏徽剧能发展为国粹京剧，江春也作出了重要贡献。大上海近代以来是我国最重要的通商口岸和商贸中心，徽商很早就进入上海滩发展事业。徽商名称最早就是从上海松江一带叫出来的。徽州人在上海经营徽菜馆十分兴隆。绩溪路文彬在上海 24 家主要徽菜馆投股，创立了一大批知名级徽菜品牌，他自己出任上海"徽宁会馆"理事长。南京地处江南，作为六朝古都商业繁荣，徽州的木材商、典当商、粮茶商、丝绸商在南京势力都很大。当年南京徽商召集梨园兴化班、华林班同演《鸣风记》以及每年四月闹"徽州灯"、举办"无都灯会"，备极奇丽的热闹场面，都让人对徽商的财势有深刻印象。泰州的发展，与徽商关系也很密切。旅泰徽州商人很多，其中颇有影响的当属大茶商胡源父子。胡源父子由于秉承了徽商"以诚取物、以仁取信、以义取利"的经营理念，生意越做越大，"胡源泰茶号"遂成名噪苏中的著名商号。据不完全统计，清道光年间，徽州旅泰商家就有30多户，在“三泰”地区设有新安同乡会，建有新安会馆，群友新安公墓。

徽商的经营活动，既是一种经营活动，更是一种文化活动。商业的表层是物质，深层次是精神和文化。徽商秉承程朱理学的文化特质，以开放、诚信、进取、创新、和谐的经商文化理念，把儒而好贾的特色发挥得淋漓尽致，拓展了长三角地区的大市场，同时也铸就了一代儒商的形象。区域文化是在社会实践过程中，在特定地理、生产方式、政治制度、历史传统等条件下，在与外界文化的交流、融合的过程中产生、形成并不断演进和发展的。长三角区域文化能够海纳百川，兼收并蓄，熔各种文化于一炉并时时处处在发展、创造、更新的流变之中，所以能不断发展、不断超越，并且带动经济的增长。徽商作为一个文化厚重的商帮，能在长三角地区纵横驰骋，其文化生成机制、作用与历史贡献还有待于深入挖掘和研究。

二、积极参与泛长三角合作的优势所在

安徽自古以来与长三角地区就是地理相邻、人文相亲、交通相连。在经济全球化、区域经济一体化趋势明显的今天，我省积极参与泛长三角合作可谓是适逢其时，机遇难得，优势多多。

随着经济全球化和区域经济一体化继续深入发展，国际、国内尤其是东部产业转移不断加快，为我省承接国际先进的产业和服务业转移，参与国际和区域合作，充分利用两个市场、两种资源提供了良好的机遇。2010年，上海将举办世博会，大规模的基本建设和产业结构调整促使上海大批企业外迁，这使得与上海仅4小时路程的安徽，有着充裕的能源和充足的劳动力，成为国内产业转移的最佳地带。安徽面临着产业结构调整、产业升级和经济又好又快发展的战略机遇。

长江三角洲是我国率先发展的首要增长极区域和参与国际竞争的核心区域之一，正在向世界第六城市群的目标迈进。但

是与世界其他城市群相比，长三角的整体实力和带动能力仍然有很大不足，从区域面积、人口和经济总量来看，都有很大差距。因此，扩大长三角的区域范围、形成泛长三角合作、提升区域整体实力和发展能力，已成为我国参与国际竞争、承接国际分工、保持经济持续高速发展的客观要求。在过去相当长的一段时期内，安徽一直被看做“中部省份”，被长三角“边缘化”。随着长三角经济辐射能量和范围的不断扩大，在地理上必然突破原有的纯自然性的长三角概念，从而适应“泛长三角”的合作机制。特别是胡总书记在讲话中，从党和国家高层领导第一次提出了泛长三角概念，我们要用足、用对、用活这个概念。

在这样的大背景下，安徽实施东向发展，加速参与泛长三角合作，是把握“天时、地利、人和”发展契机，促使安徽快速崛起的必由之路。

安徽参与泛长三角合作具有很多优势，胡总书记在讲话中指出的主要是区位优势、自然资源优势和劳务资源优势。

（一）得天独厚的区位优势

安徽近邻长三角，处于承东启西的特殊区域位置。近年来，为实施东向发展，交通先行，适应与长三角区域的无障碍通道，空间距离越来越近，特别是合宁高速铁路、沿江高速公路、徽杭高速公路开通，到长三角核心城市上海市也就 4 小时。正在修复的京沪高速铁路、黄瞿南高速公路、扬绩高速开通，安徽与长三角区域自然融为一体。随着东向发展的速度加快，沿江城市群、都市群、产业带迅速成长，马鞍山与南京形成“同城”现象，南京、合肥、芜湖正成长为小长三角，是长三角经济区域中发展潜力很大的城市群。黄山市凭着优美的自然风光和生态环境，早就提出成为长三角都市圈的大后花园。

（二）丰富多样的自然资源优势

长三角都市群经济高速增长，资源和能源比较紧张。安徽的自然资源比较丰富，特别是工业化、城市化需求的煤、电、钢材、水泥等，安徽是输出大省。在资源东输、能源东送的同时，促进了我省与长三角的经济互动，为当代徽商和企业发展提供了无限商机。安徽作为农业大省和华东绿色食品基地，已成为以麦、稻、棉、油菜、花生、蔬菜、茶叶、牛（羊）肉、河（湖）蟹等10大优势农产品区域规模化产业带，连续10年在上海成功举办皖优农产品展示展销会，在长三角地区显现了经济互动、优势互补的功能。在东向发展战略推动下，开放型经济发展势头强劲。2002年以来，进出口总额年均增长30%以上，稳居中西部地区榜首。对外经济合作由全国第19位上升到目前的第16位。

（三）自强兴皖的劳务资源

我省是人口大省，人力资源丰富。在长三角快速发展的过程中，安徽劳务输出集中在江、浙、沪一带。在江、浙、沪区域的务工人员占到全国劳务输出的75%左右。大量劳务输出的人员中，涌现出很多能人和奇才，他们在经济发达地区学到了更多的新技术、新本领、新理念，不少人回乡创业、兴皖致富。他们中的很多有志之士，把长三角地区的资金、企业和商家引进来，在安徽落户兴业。我省这些年的招商引资70%来自于长三角地区。在外出人员中，还有一些自强不息的能人，秉承古徽商"钻天洞庭遍地徽"的创业精神，闯荡商海不甘平庸，从小本做起，逐渐积累、不断发展，最终成为当代新徽商，有的已经成为新徽商的旗帜型人物，如祝义才、余渐富、汪智利、严同文等等。

三、找准参与泛长三角合作的着力点

安徽正处在新的历史起点上，在实践中要真正迅速驶入长三角经济区域一体化发展轨道，还得在以下几个方面着力。

（一）着力在解放思想、转变观念上下功夫

要紧跟时代前进的步伐，摆脱落后的思维模式，着力推进新的思想解放，在转变观念中更新观念，在解放思想中形成新思路，对我们安徽来说，是一个非常突出、尤为迫切的任务。我们与长三角地区的差距，表面上看在经济发展上，深层次的根子在思想观念上。长三角地区的发展意识、创新意识、竞争意识、人才意识、开放意识、市场意识比我们强得多。安徽要解决好主动融入的思想障碍，转变三个方面的思想观念。一是要转变传统行政地域观，确立新的经济地域观，要按照区域经济一体化要求，打破行政区，进入一体化，不搞人为地画地为牢，正确看待各种经济要素在不同行政区域间的合理流动。二要转变狭隘的小农经济观，确立现代经济观。要按照现代经济观的要求，把安徽作为区域经济中的一部分，立足于发挥自身优势，积极参与区域分工与合作，主动承接产业转移，在双赢、互动中求得发展，实现优势互补。三要转变计划传统经济条件下形成的纠正观，确立现代经济条件下的竞争观。要从过去过多地依赖、等待转向依靠科技、人才、基础设施和投资环境来获取竞争优势，努力提升核心竞争力。

（二）着力在激发创新活力、提高自主创新能力上下功夫

党的十七大突出强调提高自主创新能力，是审时度势地顺应当今时代特征和着眼我国发展全局作出的战略抉择。胡锦涛总书记在安徽视察时更明确讲到："只有不断提高自主创新能力，才能始终把握发展的主动权，才能增添发展的新优势。……安徽教育资源比较丰富，科技实力比较强，应该在自主创新方面有更大作为。"我们要牢记总书记的嘱托，高度重视自主创新，在积极参与泛长三角的合作中有新突破，有更大作为。

回顾历史上的徽商，就是凭着敢为人先、出奇制胜的创新意识，所以叱咤商界数百年，创造出一个个商业史上的奇迹。

放眼今天长三角地区，他们之所以能创造出领跑中国经济发展的先进模式，就在于大胆创新、善于创新、善于开拓进取。安徽实现跨越式发展、快速崛起，必须以创新作为重要支撑。事实证明，仅仅把眼光停留在对资源的开发上，不可能走上高速发展、高效发展和可持续发展的道路。要把发展高新科技作为调整产业结构、转变经济发展方式的一项根本性工程来抓，大力培育具有自主知识产权的优势产业，掌握发展的主动权。

要深化科技体制改革，形成以企业为主体、以政府为主导、以市场为引导、产学研相结合的科技创新体系。我省拥有各类科研院所200多个，高等院校90多所，各类专业技术人员100多万人，这是创新发展的核心力量，要鼓励支持他们不断创新。要大力营造创新的氛围和环境，让创新成为全省人民的价值取向和自觉追求，真正激发出创造活力，释放出创业激情。

（三）着力在提升文化“软实力”上下功夫

对于一个区域来说，文化是经济发展的一个重要体现，是社会文明程度的一个显著标志，是决定经济发展质量和发展后劲的主要因素，文化可以展示形象，文化可以创造财富。一句话，文化是一种“软实力”，是核心竞争力。

长三角区域文化已经形成经济社会发展的动力源和助推器。长三角经济快速增长，经济社会各项指标早已位居全国前列，因素很多，但其中最根本、最深层的在于人的因素，在于文化的作用。长三角地区将吴越文化、江南文化和海外文化融为一体，形成该区域特有的文化现象。浙江为什么能在能源不足的条件下培育出各种充满活力的“块状经济”和民营经济？江苏为什么能够吸引各大跨国公司建立生产基地并不断扩大投资？上海为什么能成为全国“总部经济”和“流量经济”中心？最重要的是长三角人培育了一种自强不息、艰苦创业、崇尚财富、重视工商、勇于创新的人文精神以及这种精神塑造的优良“软环境”。当年徽商之所以能在长三角地区有作为，创造许多商业奇迹，就是因为江南地区这种文化生态环境和重视商业经济发展的人文氛围适合亦儒亦贾商人的发展。

"从经济全球化的视野看，没有文化含量的经济很容易成为'泡沫经济'，没有文化含量的产品就是'低端产品'，没有文化含量的劳动力注定要成为'廉价劳动力'。可以说，我们已进入'文化主导'的时代。"我们安徽有着丰富的文化资源，但这些资源没有很快转化为经济功能，没有很快发展为产业，所以我们与长三角比差距拉大了。当前，我省在提升文化"软实力"方面，一是要大力培育富民强省的人文精神，建设良好的政治生态环境，提升人的精、气、神。二是要大力发展公益性文化事业和经营性文化产业，着力打造一批文化名品，培育一批文化名企，造就一批文化名人，增强文化与经济的互动作用。三是要提高文化的传播能力，激发文化的创新因素，不断扩大我省文化的影响力，为构建信用安徽、和谐安徽、创新安徽形成新优势。

历史上的徽商虽然已经过去，但古徽商对长三角区域的历史贡献不可磨灭，徽商精神不灭。只要我们大力弘扬徽商精神，认清安徽积极参与"泛长三角"合作的优势所在和找准参与"泛长三角"合作的着力点，安徽快速崛起的宏伟目标就一定能够实现。

（收入安徽省人民出版社出版的 2009 年《徽商发展报告》）

弘扬儒商传统　建设现代文明

从古至今，由于中华民族传统文化的丰厚底蕴、得中华传统文化的沐浴和熏陶，历代都曾经出现过一些有较高文化修养、较强社会责任感，以弘扬中华文化为己任，见利思义、以义为利、敢为人先、乐于奉献、文商结合、德才兼备的商贾人士，我们称之为中国的“儒商”。古往今来，这些儒商以推进社会文明发展为己任，目光远大，有自己的家国观和义利观，有不懈的商业理性和人文理性追求，热心奉献社会，他们在中国的商品经济和社会文明进步方面，曾经作出过大的贡献。儒商从历史走来，虽然也有不少历史局限和不足，但是他们的那种艰苦奋斗、百折不挠、以义为先、诚信经商、重义兴教、热心公益、济世为民的儒商精神，正是中华民族传统美德的生动体现。建设现代文明，我们不仅要借鉴世界上一切先进文明的经验，而且也必须弘扬包括儒商精神在内的中华优秀传统文化。

崛起于宋、兴盛于明清的中国徽商，作为一个商帮群体，是中国儒商的一个突出代表。随着商品经济在封建社会内部的逐渐繁荣，从徽州大山走出的徽商，用徽骆驼、绩溪牛的精神，及时把握时代机遇，在盐、典、茶、木等各个行业努力拓展市场，以贾而好儒的特色，坚持诚信商德，以义为利，靠高明的经商谋略，在商界迅速崛起，在中国十大商帮中脱颖而出，执商界之牛耳，雄踞明清数百年，创造了中国经济发展史上的奇迹。不仅如此，这个商帮还以崇儒尚文、有社会担当、突出人文理性追求的特色，塑造了一代儒商的形象，在承传中华优秀文化方面作出了大贡献。

徽商作为一个庞大的历史人物群体，又经历了漫长的历史岁月，从其人物主体和主流方面来看，这一产生在封建社会内部的新型生产关系，的确是一种富有生机活力的“变革的因素”，他们用自己的实践和创造给后人留下了宝贵的徽商精神。概括起来说，这种徽商精神就是：崇文向善、务实求真的人本精神；勤奋努力、艰苦创业的奋斗精神；敢为人先、开拓进取的创新精神；重义诚信、有道经商的敬业精神；审时度势、出奇制胜的竞争精神；以众帮众、协力同心的团队精神；仁心济世、爱乡爱国的奉献精神。对于徽商精神，尽管人们总结的角度不同，可能有多种表述，但这些徽商精神都体现了艰苦奋斗、百折不挠、自强不息、厚德载物、创新奉献的中华民族精神，徽商精神是徽州文化之精髓，是一份值得珍惜的宝贵精神财富。

徽商作为一个历史过程，经历了崛起、兴盛、辉煌、衰落、退出历史舞台的各个历史阶段。徽商作为一种历史文化现象，他的产生、发展和终结都和当时的社会历史条件、政治经济因素息息相关。我们必须从人类文明发展史的高度，来把握看待徽商的时代价值，中华文明5000年，至明中叶4500年，都能走在世界文明前列。明中叶以后，世界发生了翻天覆地的大变化，西方商贸资本主义兴起，工业革命以后西方列强群起，而中国的封建统治者却依然是抑商病商、闭关锁国，对资本主义萌芽继续打击、扼杀。在这种时代氛围之中，徽商冲破传统的藩篱，发展商品经济，甚至呼应挑战海洋的国际大势，拓开海上贸易市场，对封建体制进行抵制和反抗，表现了时代创新的勇气。徽商和中国其他商帮对中国商品经济的繁荣、推动中国社会的艰难前进，有其历史性的意义。

沧海和桑田，千年一瞬间。在21世纪来临的时候，世界经济一体化和政治多元化的格局，商贸的空前发展，现代文明的建设呼唤儒商精神，呼唤现代商业人文理性；中国社会主义市场经济的建立和发展，同样需要现代企业、现代企业家承传和弘扬包括徽商精神在内的儒商精神，时代呼唤有文化、有社会担当、爱国诚信、进取创新、勇于奉献的儒商精神。当代的新儒商，集中华民族传统美德和人类进步文明于一身，凝聚历史与现代的聪明和智慧，正用其雄厚的经济实力和报国的理念，筑成中华民族复兴、崛起的新的长城，他们是21世纪中华民族振兴的脊梁！

让我们不断承传、弘扬、光大儒商精神，在胡锦涛总书记为首的党中央领导下，加强现代企业文明建设，加快建设全面小康社会，为人类文明进步作出新的贡献！

（载于大学生社团刊物《语林》2005年第2期）

胡适说东原

在胡适的学术生涯中，他的徽州老乡、清代著名学者戴东原的学术思想，占据了他不少时间，花费了他许多心血和精力。胡适对戴东原的关注，从戴震像的艰难搜寻到戴震生卒年的认真考订，从《戴震对江永的始终敬礼》的揭示到东原自校《水经注》一卷稿本的惊喜发现，可谓“乡谊深厚”。但是只要我们认真地分析胡适对戴东原学术思想的深切关注就可以发现，这绝不是一种狭隘的“乡曲之心”，而是胡适对这位中国杰出思想家的价值、意义的努力阐释和弘扬，是一种正义的维护和坚持。胡适对戴东原思想的评说和对《水经注》学术冤案的平反，体现了一个学者的眼力和正直，反映了胡适严谨的治学态度和科学精神。

“清学真精神”

1924 年 1 月 19 日是戴震诞辰 200 周年纪念日，年轻的胡适作为在新文学革命运动中“暴得大名”的新派代表人物，1923 年就开始和“旧派代表人物”大学者梁启超筹备联合发起在京举办纪念戴东原诞辰 200 周年纪念活动。梁启超非常敬仰戴东原，积极筹划为戴东原“做一回庄严的纪念”，先后撰写了《戴东原先生传》等五六篇纪念文章，后来全收在《饮冰室文集》第 65 册。而胡适则在 1923 年 12 月撰写了《戴东原在哲学史上的地位》这篇“寿文”。在北京学术界纪念戴东原 200 周年生日大会于安徽会馆举办以后，胡适经过长时间思考写作，“屡作屡改，改削无数次”、“历二十个月方才完稿”

的专著《戴东原的哲学》，于1925年正式发表。1928年胡适又在《几个反理学的思想家》中，专门评论了“反理学的思想家戴震”。在此前后的有关文章中，胡适也专门研究和评价了戴震的科学考证方法。

胡适所著《戴东原的哲学》，是戴震逝后100多年来第一部专门研讨戴震哲学的长篇专著，分三个部分评论戴震哲学及其反响，有许多引人注目的精辟见解，对戴氏哲学给予了很高评价。胡适在分析了戴震的自然观、认识论和人性论之后，特别指出了戴东原哲学的时代意义，胡适认为：“戴氏的论理，最可以代表那个时代的科学精神。”“戴震的哲学，从历史上来看，可说是宋、明理学的根本革命，也可说是新理学的建设、哲学的中兴”，是“中兴哲学”的“第二次尝试”。而“理论是东原在哲学史上的最大贡献”，是中新哲学建设的基础。胡适特别欣赏戴震对后儒理学“以理杀人”的激烈批判，和梁启超一样充分肯定了戴震“体民之情，遂民之欲”的“情感哲学”和欧洲文艺复兴思潮一样意义深远。胡适甚至号召人们继承和弘扬戴震这些学者们的开拓精神，“努力改造一种科学的致知穷理的中国哲学”。胡适认为戴氏哲学“从推翻气二元论入手，是很明白的唯物论”，戴震“是个很能实行致知格物的工夫的大学者”。胡适强调：“戴震是一个科学家，他长于算学，精于考据，他的理学方法最精密，故能用这个时代的科学精神到哲学上去，教人处处用心知之明去剖析事物，寻求事情的分理条则。他的哲学是科学精神的哲学。”胡适指出，戴震是“用当时学者考证的方法，历史的眼光，重新估定五百年的理学的价值，打倒旧的理学，而建立新的理学，是为近世哲学的中兴”。胡适强调，戴震为代表的“朴学”考证方法，“但宜推求、勿为株守”，“实事求是的精神”是“清学的真精神”。

胡适认为“戴震是他自己那个时代中比较最接近科学的学者之一”，“其思想之透辟也是三百年中数一数二的巨人”。

胡适对戴东原哲学的倾情关注，有一点十分重要而似乎不太为人所注意。这就是胡适对戴震“重行必先重知”观点的独到分析和支持。胡适指出，戴东原哲学在认识论上，“不肯空谈‘知行合一’，他很明白地主张‘重行必先重知’”，“他自己的哲学便是老实的倾向致知的方面”。胡适强调“重行必先重知”是“戴学的要义”。对于戴学的这一“要义”，胡适的同学陶行知曾把它归为王阳明哲学本体论“知是行之始”的同类而加以批判，认为王阳明、戴震都主张“知是行之始”，都是唯心的观点，而这种观点对中国教育的负面“影响极深”，麻痹了中国学子几百年。陶行知在这里对戴东原其实是一个误判。胡适则认真分析了戴东原这一表述的真意，对戴震“重行必先重知”的观点给予肯定。他从三个方面阐释了戴东原“重行必先重知”之观点的正确性。胡适首先要人们把握、认识戴震哲学自然观（即本体论）“是一种唯物的自然的宇宙论”，是在中国思想史上“很大胆”的“一元的唯物论”。戴震在“格物才能致知，实践才能出真知”方面有许多明白的论述，不容置疑。因此东原“重行必先重知”观点是在唯物本体论基点上，对认识论的一种辩证观点，和王阳明“知在行先”本体论、和朱熹的“道问学”，都有根本的大不同。胡适指出，戴氏“最反对朱学，而又不是朱学的复辟，颇近于朱子格物致知穷理的精神，而又有根本的和朱子大不同的地方”。其次，胡适指出东原强调“重行必先重知”，这个“知”有特定的内容。东原是针对后儒理学“天理观念”的“知”，而提出人们要努力“就事物剖析至微，求其必然不可易”的“十分之见”，其重之“知”，既有德性之知，也还有大量闻见之知。戴氏突出主张“重问学，贵扩充”，和后儒理学家的“复其初，冥心求理”不是一回事。第三，胡适还特别提醒人们，戴东原“重行必先重知”观点的提出有其特殊的时代背景，有很紧迫的现实针对性。因为自程朱理学被统治者作为官方哲学强力推行以后，所谓的“存天理、灭人欲”

已成为“天经地义”的人之共“知”，后儒“理”学这种“知”根本不容怀疑和批判。那些后儒理学的卫道者们一直宣传：“理”已经摆在那里，“斯道已大明”，“直须躬行耳”，人们用不着再去苦苦求什么“知”，只需在这个“天理”下去实行就行了。戴震正是针对这样一种社会观念对世人的蒙蔽，指出在当时认清这个不容怀疑和批判的“天理”是否真有道理，最为紧迫。因为统治者当时还在“以理杀人”，所以在这种情况下，“重行必先重知”。戴震自己一马当先，撰写《孟子字义疏证》，努力褪去“理”字头上的“神圣”光环，发狂打破后儒心中的太极图。胡适认为，戴震“重行必先重知”的主张，坚持“博学审问慎思明辨而后笃行”，坚持这一主张符合圣贤言学之意，“这真是清朝学术全盛时代的哲学”。胡适的见解，无疑比他的同学陶行知要深刻多了。

不平则鸣

戴东原治学，年轻时就对地理、水经非常感兴趣，有不少这方面的探究和著述。戴震在二十七八岁时就已经开始对北魏郦道元的《水经注》四十卷地理学巨著的校勘、考订、整理。在此后 20 多年里，戴震一直不懈地探索校理，校改发现了《水经注》的错讹、脱漏，发明了校理《水经注》的四大义例，撰写了自定《水经注》一卷，后来在四库全书馆，终于完成了被称为《水经注》校理史上最好的校理本殿本《水经注》的钩辑校勘工作。在戴震逝世以后，地理学家赵一清《水经注》校本在四库馆被人发现，于是就有人质疑戴震校本抄袭了赵一清校本。到民国初年，“戴袭赵”《水经注》学术公案闹得沸沸扬扬，魏源、孟森、杨守敬、王国维等著名学者介入此案，也都异口同声指斥“戴袭赵”，这样就使一件“无中生有”的学术冤案“几成定谳”，社会舆论跟着几个“权威”褒贬，使得大学者戴东原蒙冤莫白。而治学严谨，一直主张“拿证据来”、“有一分证据说一分话”的胡适，对“戴袭赵"《水经注》学术公案先是半信半疑，觉得这么一位中国思想史上300年来数一数二的巨人，这么一位了不起的徽州老乡，不可能"袭赵"。从1924年纪念戴东原开始，他就比较注意搜集相关资料，认真考订分析，这才发现，"戴袭赵"《水经注》学术公案，其实是由几个"学术权威"凭着所谓"正谊的火气"，以主观推测造成的一件学术大冤案。不平则鸣，胡适在舆论几乎一边倒的情势下，挺身而出，宣称要为戴东原平反，提出"为人辩冤白谤是第一天理"。从此，胡适几乎用了他后半生近20年学术时间，孜孜不倦地搜集《水经注》的各种版本，汇集大量关于此案的文章材料，用了"极笨的死功夫"，对各种指控"戴袭赵"的论据进行了浩繁的梳理和分析，写下了大量的文章、札记和批注。1948年，他在北大举办了一次自己收集的《水经注》版本展览，竟有3大橱9类41种之多，成为郦学史上的一件盛事。而胡适关于重审《水经注》学术公案的百余篇论文和序跋资料、往来信函，在台湾出版的10集《胡适手稿》中竟占了6集之多，仅致学者王重民谈《水经注》案的信函就有120多封。胡适最后20年学术注意力几乎都在《水经注》上。胡适对"戴袭赵"《水经注》学术公案的重审，着重探析了赵一清、全祖望、戴震三位清代《水经注》校理大家各自对《水经注》进行校勘整理的"治学历程"，指出三人对《水经注》的校理都有各自的大贡献，而戴震对《水经注》的校理，用时长，发明多，最能以我驭书、总揽全局，因而成绩也最大。魏源等人怀疑戴震在四库馆抄袭赵一清《水经注》校理本，无事实根据，纯为主观臆测，是"厚诬古人"。至于戴、赵两种校理本"十同九九"，胡适认为同用某一版本校勘产生这种雷同是校勘学上的自然之事。胡适还用四库馆藏《永乐大典》本的真实存在批驳了一些人指戴震"伪托《大典》"的诬陷。对于一些捕风抓影的猜疑之点，胡适也千方百计找来相关原始物证，进行认真分析考证，逐一加以批驳否定。在重审《水经注》学术公案的过程中，胡适坚持勤、谨、和、缓的原则，慎戒“正谊的火气”，反对意气用事，尊重客观事实，不作“诛心之论”，反对偏见成见，因而在为“戴袭赵”《水经注》学术公案平反过程中，成果最多、发现最多，不仅为大学者戴东原成功地进行了辩冤白谤，而且给后人留下了超出“重审”之外的更多的东西。

胡适平反戴震《水经注》校理学术冤案，第一个意义是打破了世俗对权威的迷信，启迪人们对问题应该排除偏见成见，采取实事求是的态度和科学的考证方法。胡适的“平反”工作第二个意义是通过重审《水经注》学术公案，进行了一场考证学方法的严格训练，因为他发现，《水经注》案错误沿袭150年，且连带牵进了几代大学问家，是“根本上还是考证学方法不曾上科学的路子”。胡适的“平反”工作第三个意义是他发现了《水经注》学术公案背后，是一个思想问题：那些指斥戴震抄袭赵书的人，都不满意戴震对程朱理学的批判，认为东原“叛道”，站在程朱卫道立场上，都主观地认为戴震人品必定有问题，因此校《水经注》必定抄袭。“先有主张甲的意思，便只寻乙的不是”，于是“用全无根据的证据诬枉古人作贼”，这样一种偏见臆测，其实是“以理杀人”的延续。胡适的平反，还有一个特别重要的意义，就是他发现此冤案突出地显露出中国的法理学有很大的欠缺，中国社会从来就没有为被告做辩护、维护被告人合法权益的传统，恶人先告状时，打官司总是被告吃亏的多。古代百姓一成了被告，县官抓起来就是一顿板子：“为什么人家不告别人单告你？你肯定是坏人！”从来就没有“无罪推定”的习惯。在这样的法理学社会氛围中，“被告”和“罪犯”是同义词，要想维护正义，要想为清白者洗诬辩冤，非常困难。胡适对《水经注》公案的重审，对人们思考冤案形成的深刻社会学原因也很有启迪。

因此，把胡适为戴东原学术冤案平反之举看做仅仅只是“为了乡谊”，只是为自己的徽州老乡打抱不平，那就太表层化了。对于胡适“重审”《水经注》学术公案，当时和此后学术界众说纷纭，有的认为胡适“小题大做”，有的认为胡适“没有成功”。上个世纪 80 年代，著名徽州学家汪世清研究员曾用了几年时间，从国家图书馆等单位借来各种《水经注》版本，和胡适一样用了“极笨的死功夫”，对戴、赵校理《水经注》的成果作了一字一字的认真对勘，制成表格，使戴、赵校理《水经注》的异同之处一目了然，从四五千处校理成果的排列显示中，汪世清研究员郑重地得出结论：戴校本和赵校本，异大于同；从案例分析，戴未袭赵，戴不可能袭赵，戴不必袭赵。汪世清研究员 4.8 万字的论文，再一次佐证了胡适为“戴袭赵”《水经注》学术冤案平反是完全应该的。近些年来，李谷鸣教授、杨应芹教授、方利山研究员以及许多胡适学界的专家，对胡适重审《水经注》学术公案的原因、动机、过程、成果、意义、影响，都有许多研究的文章和著作，进行了中肯而具体的评析。虽然至今郦学界还有人对此有些异议，在一些评述《水经注》校理的文章中，继续人云亦云地沿袭着错误评论，但胡适对戴东原《水经注》校理成就的维护和正义的伸张，已是不可否定的史实。

胡适在北大讲课进行板书时，常将“孔子说”、“墨子说”之类和他的“胡说”并列，被传为趣话。以上关于戴东原的“胡说”，是戴东原思想学术的两个重要方面，经过历史的风风雨雨，胡适的评说仍然有许多闪光之点，值得人们继续探研、思考。

［参考文献］

1. 胡适．戴东原的哲学［M］．商务印书馆，1924.

2. 胡适．胡适散文选·戴东原在哲学史上的位置［M］．百花文艺出版社，1992.

3. 陶行知．陶行知全集［M］．湖南教育出版社，1985.

4. 胡颂平．胡适之先生年谱长编初稿［M］．

（2008 年在绩溪县召开的“胡适研讨会”上的交流论文，发表于《安徽师院学报》2010 年第 10 期）

徽州·徽州文化·徽州学

这里简要地向大家介绍一下徽州和徽州文化。

古徽州之地，秦代始置黟、歙二县，即形成相对独立的地理文化单元。而唐大历间始定徽州一府六县（歙县、黟县、休宁、婺源、绩溪、祁门）格局之后，一千多年来，由于这一地域丛山环峙、高台城垒式特殊的自然地理环境，汉唐以来中原移民大量入徙的特殊社会历史变迁情况，作为“程朱阙里”而受到程朱理学的特别影响，尤其是受到兴盛于明清的徽商经济的影响，在这块兼有黄山、白岳、新安江形胜的徽州地域，“商成帮、学成派，名人成群”，新安理学、徽州朴学、徽州教育、徽州文献、徽州版画、徽剧、新安画派、徽州科技、徽派建筑、徽州工艺、徽州文房四宝、徽州刻书藏书、新安医学等等方面都有突出的繁荣和发展，明清时期，几乎在中华文化的各个领域，徽州文化都有令世人瞩目的成就。形成了许多著名的学术流派和知名文化品牌。无论在器物文化层面、制度文化层面，还是在精神文化层面，都有着深厚的底蕴和杰出的创造。这种区域总体全面发展的特色文化，是中华宗族文化、农耕文明在宋明时段的集中表现。它所凝聚的吃苦耐劳、崇文重教、和谐发展、开拓进取、与时俱进、乐于奉献特色，突出体现了“自强不息”、“厚德载物”的中华民族精神，徽州文化的原始本真性、丰富性、整体性、独特性、连续性、突出性，成为中华民族文化在特定时段特定地域的一个典型代表。徽州文化是宋代以来汉族民间社会生活实态的一个生动反映。相对原始和完整的徽州文化生态，成为世人了解中华民族宋代以来民间社会生活实态的一个标本。

至今仍较为完整地保存在徽州一府六县的一千多个徽州古村落，至少五千多处的徽州文物现存，遍布徽州城乡的徽州古民居、古祠堂、古牌坊、古亭、古桥、古遗迹等物质文化遗产，尤其是至今仍在徽州民间流传和保存着大量徽州非物质文化遗产（徽州民俗、徽州民间曲艺、徽州民间工艺、徽州民歌民谣、徽州方言、徽州节庆礼仪等等），不仅是可资徽州文化发掘研究的富矿，成为“中国徽州学”兴盛的基础，而且由这些丰富的现存构成了世人瞩目的“文物之海”、“文献之邦”、“礼仪之国”、“东南邹鲁”，构成了在中华传统文化大系统中极具见证意义、标本价值的较为完备的徽州文化区域生态。这一徽州文化区域生态，繁盛于徽州一府六县，辐射周边地区，影响江浙等更广泛地域。

徽州文化是人类文明的宝贵财富，中华传统文化的一个独具特色的组成部分。徽州文化生态重要组成部分的黄山是世界文化和自然遗产、世界地质公园。徽州文化的物态代表作徽州古村落黟县西递和宏村已被列入世界文化遗产名录；歙县棠樾、婺源理坑、汪口已进入国家申报世界文化遗产预备名单；徽州之域的活态文化：徽剧、徽州目连戏、徽州三雕、万安罗盘制作技艺、歙砚制作技艺、徽墨制作技艺、徽州建筑技艺、徽州民歌、徽州傩舞、徽州绿茶红茶制作技艺、程大位珠算法等15项徽州文化特色项目等已被列为国家级非物质文化遗产，徽州民谣等18项徽州特色文化已被列为安徽省首批非物质文化遗产；有的徽州非物质文化遗产也已进入国家首批申报世界非物质文化遗产项目名单。歙县许国石坊等83处徽州古建筑、古文物、古遗迹先后被列为国家和省重点文物保护单位。

古徽州一府六县之域和相关周边地带，千百年来逐渐形成了大致相同的徽州民俗风情、徽州生活习俗、徽州方言习惯、徽州村落风貌，地域特色明显，是徽州文化孕育发展的主要空间。徽州古村落、徽州古建筑等大量的徽州文化物态遗存，包括徽州得天独厚的黄山、白岳、新安江绝佳山水、蓝天碧水青山和构成徽州“风水”的山川环境，特别是附着其中的独特的徽州民俗风情、徽州民间工艺艺术、徽州方言等等徽州文化非物质遗存，有机而和谐地组成了相对完整的、特色鲜明的、不可再生和不可多得的徽州文化人文生态。

历史上的徽州，相对封闭，较少战乱，加上徽州宗族社会的有力掌控，徽州社会崇儒尚文久成习尚，徽州大量物态和非物态文化遗产被保存下来。改革开放以来，人们对徽州文化的关注和认识逐步提高。徽州文化的发掘、研究、开发和利用形成热潮，特别是在徽州文化的保护方面，已经做了许多工作，积累了不少经验，取得了一些成果。

作为中华传统文化一个组成部分的徽州文化，不仅具有浓郁的地域特色，而且是中华汉民族民间文化宋代以后在徽州地域物态和活态的突出表现。

在中华九百六十万平方公里土地上，千姿百态、异彩纷呈的多民族地域文化，共同构成了灿烂、博大精深的中华传统文化。中华地域文化众多，像齐鲁文化、闽岳文化、藏文化、荆楚文化等等。但是能形成特色学术流派、能产生影响全国的成批著名文化品牌，并且能蔚成一门学科的地域文化，则主要是敦煌文化、西藏文化、徽州文化等等。中国敦煌学是百年世界显学；中国藏学是人类文明的一朵奇葩；而中国徽州学作为正在崛起的显学，也越来越受到人们的关注和重视。中外学者把了解徽州、了解徽州文化当做了解中华宋以来封建社会生活实态的一个窗口，对徽州学表现了极大的热情。多年来许多韩国的学者纷纷来徽州作学术考察，一些韩国的徽州学专家以徽州文化为科研课题，发表了许多学术论文，取得了不少成果，像韩国高丽大学朴元教授多年来潜心于徽州宗族研究，发表了《徽州方氏宗族研究》等重要专著。韩国历史文化和中华传统文化有很深的渊源。在韩国，新安朱熹的后裔有十几万人，韩国的退溪之学是朱子学的延续和发展，特别是在韩国安东地区，儒学文化影响深远，其古村落有许多至今仍保持着原生态，其宗族社会仍有许多文化遗存，特别是安东地区民间，和我们古徽州社会一样，至今还保存有大量文书文献。安东学的形成，和徽州学有许多地域可比性。近年来，徽州学和安东学的学术交流也已经逐步展开。另外，韩国全南地区的地方学也和徽州学开始了国际文化学术交流。文化，把我们两国人民的友谊和亲情维系得更加紧密。我们作为徽州学故乡的高校，非常欢迎韩国学术文化界的朋友们来徽州作学术考察，进行学术文化交流，扩大和加深两国人民之间源远流长的友谊。我们希望进一步开展学术合作，共同为人类文明、为世界文化的发展作出贡献。

（2008 年 5 月参加中国与韩国高校研修会的交流发言）

为了文化的纪念：永远的徽州

——纪念徽州得名888周年

今年5月28日，是徽州得名888周年纪念日。我们黄山市故园徽州文化促进会、黄山市汪华文化研究会、黄山市程朱理学研究会、黄山市戴震研究会、黄山市旅游文化学会、黄山市巅峰旅游研究中心联合举办“隆重纪念徽州得名888周年学术座谈会”，来自徽州本土和各地的徽州学专家、学者以及文化学术界代表聚集徽商故里，为“徽州”得名888周年做一个历史性的纪念，意义深远而重大。

首先，请让我代表主办单位向应邀出席座谈会的嘉宾和代表们表示热烈的欢迎！这次座谈会的举办，还得到了徽商故里大酒店和黄山市天虹文化传播有限公司等单位的大力支持和协助，也向他们表示衷心的感谢！

北宋宣和三年五月甲辰，也就是公元1121年5月28日，宋徽宗改歙州为“徽州”。史志记载，说是因为歙州域内的绩溪有大徽山、大徽水、大徽村而得名；也有说是因“徽”指美好而得名；还有说是因为镇压方腊起义的缘故。不论哪一种原因，歙州改“徽州”，都是一件对这一地域非同小可、影响深远的历史大事。

“徽州”得名已有888年，而徽州地域的文明史，则可以上溯到六七千年以上。栖息繁衍在这一地域的先民，同样经历了智人时代、旧石器时代、新石器时代、青铜陶器时代、铁器时代。屯溪西周墓葬的出土文物表明，三千年前当时这里先民们的生产生活文明程度，有的甚至超越中原地区。两千多年前，秦设黟、歙二县，这一地域逐渐形成了相对有自身特色的地理历史文化单元。隋唐之际，汪华起兵统一六州，保境安民，融合山越土著和中原移民，为此后这一地域的历史崛起奠定了人文基础。一千多年以来，从“新都”、“新安”、“歙州”、“徽州”一路演进而来的这一片中华热土，终于在程朱理学的熏陶之下，成为“程朱阙里”、“儒风独茂”、“俗益向文雅”、人文荟萃、名臣辈出之地，实现了这一地域在宋代政治上的历史性大崛起。五百年前，“贾而好儒”的徽商以徽骆驼、绩溪牛的精神勇闯天下，不仅创造了“无徽不成镇”的历史奇迹，促进了商的发展，而且把“文”字用得漂亮，把“人”字写得漂亮，塑造了中国儒商的形象，提升了中国“商”的理性层次，锻造了彪炳千秋的一代中华商魂，促成了徽州文化的历史辉煌，实现了徽州明清时期经济、文化上的历史性大崛起。徽州得名的888年，就是徽州历史上两次大崛起的重要时期，也是徽州文化兴起、鼎盛，实现历史大辉煌的时期。

今天我们隆重纪念“徽州”得名888周年，主要有四点意义：

我们的纪念，是一次重新认识和评估。“徽州”不仅仅是一个行政区划的名称，也不仅仅是一个历史地理的人文概念。“徽州”是有着888年历史厚重积淀的特色文化符号，“徽州”和“苏州”、“杭州”等等古州府一样，是绝无仅有的“中国元素”之一。“徽州”作为一种文化遗产，在国人高度重视文化软实力的时候，需要重新认识其文化蕴蓄和特质，重新评估其历史与现实的价值。

“徽州”出重要的学术流派，“徽州”出著名的文化品牌，“徽州”出各类影响巨大的名人，“徽州”出举世瞩目的徽州文化，“徽州”是大中华域内一块让世人艳羡的“特色文化生态空间”。我们纪念徽州得名888周年，就是要进一步唤醒对这一份宝贵文化遗产的全民珍视和宝爱意识。

我们的纪念，是一片虔诚的敬畏和感恩。我们的徽州先哲先贤，用他们创造性的劳动和智慧，把徽州建设成了“文献之邦”、“文物之海”、“礼仪之国”的“东南邹鲁”，“桃花源里人家”，给我们留下了丰富的物质文化遗产和活态非物质遗产。正是由于徽州先辈的厚赐，我们的大徽州才有了新世纪腾飞的文化根基。

我们的纪念，是一种郑重的承诺和担当。888 年的徽州，所有的美好要靠我们努力地保护和承继，徽州的文象、文脉、文魂，是中华文化特定时段的典型代表，需要我们在现代化建设的过程中，实现历史和现代的完美结合，自然和人文的和谐统一，在守护中华传统文化的特色精神家园中弘扬中华民族精神。2008 年初胡锦涛总书记在视察安徽时强调：“中国的文化，特别是徽州文化要发扬光大。”今年 4 月，国务院副总理王岐山在考察徽州文化时也指出：“要深入挖掘徽州文化的资源，发扬光大徽文化的精华，不断提升旅游产品的文化内涵，进一步扩大黄山与徽文化在世界上的影响力和吸引力。”我们在纪念的同时，更要切实担当起弘扬徽州文化的责任。

我们的纪念，是一个有力的鞭策和激励。徽州，本是一个行政区划的概念，后来发展为地域文化概念，现已成为一种独特的文化标志。婺源有位学者讲得好：“作为一个行政区域的徽州，已经支离；作为一个官方地名的徽州，亦已作古；作为一方独特文化的徽州，她是美人永不迟暮！”徽州，徽州文化，历史的成就不应该成为我们大步向前的包袱。我们不是发思古之幽情，而是要站在历史的新起点上，按照陶行知夫子所说的对徽州来一个“全局性的通盘筹划”，保护好“徽州万年不拔之基”，实现“徽州人的新使命”，坚持科学发展观，重视文化软实力，为全徽州百姓造福。

如今，“徽州”得名已有 888 年，尽管在这个漫长岁月里，山川依旧而沧桑巨变，但是“徽州”始终是一个“美好”

的表征，始终是我们永远的心灵家园，始终是泱泱中华的一块特色热土，让人礼敬、注目，让人梦绕魂牵！888，兆示着今天大徽州的大崛起和大发展，饱含着我们的祝福、企盼和愿景！

（在“徽州888周年纪念会”上的发言，收入2009年12月《徽州文化研究特刊》）

看得见的徽州历史

——感知“徽州古街”

在古徽州的秀美山川、锦绣田野，古徽州先民聚族而居，精心营构了数千个如诗如画的徽州古村落，随着这些古村落的兴盛繁荣，也就在这些古村镇出现了一条条充满徽风徽韵、代表着这些古村落历史辉煌的徽州古街。据不完全搜索，徽州各区县乡村著名的古街就不下一百条，有的徽州古街，名气还超过了所在县镇，诸如，有所谓“小小休宁县，大大万安街”等之类民谚。这些徽州古街承载着太多的徽州古村镇的历史信息，是贾而好儒的徽商成长创业的历史见证，许多徽州古街堪称徽派建筑的杰作，同时又是徽州文化的重要展示平台。

和徽州古村落与生俱来的徽州古街，一条街差不多就是这个古村镇发展变化的一本厚重的历史书。镇长4里的屯溪老街，向人们诉说的是山城由货栈码头“八家栈”逐步发展成皖南政治、经济、文化中心的“小上海”、“小武汉”、“小重庆”的沿革史。呈坎3街99巷、南屏祠堂街、潜口祠堂街、郑村牌坊街则向人们展示了徽州宗族宗法昔日的民间表现形态。徽州古街是徽州人崇文重教的“儒风独茂”之区，徽城阳和街上的崇一学堂、街东的紫阳书院、万安老街边上的还古书院、隆阜古街边的省立女师……遍布徽州古街的塾学、书院、学堂，浓郁的文化氛围使得“东南邹鲁”之地文名鹊起，人才辈出。江永（婺源江湾古街）、戴震（休宁隆阜古街）、俞正燮（黟城北街）、胡适（绩溪上庄十字街）、胡开文休宁（齐宁街）、胡正言（休宁齐宁街）、巴慰祖（歙县渔梁街）、陶行知（歙县阳和街）、汪莱（歙县澹淇街）、洪雪飞（歙县三阳街）等等文化名人从徽州古街闪亮登场，出了19名状元的第一状元县休宁仅海阳齐宁街，一街就先后出了两名状元——清康熙三十六年的汪绎和清乾隆四十五年的汪如洋，被世人誉之为状元街。歙县桂林水街上也记录着这里历史上科举的辉煌，这里有“同胞三进士”，还有明万历年间的“一祠五进士”。歙县三阳街一个“慈寿堂”大庭院，就先后走出了北京大学教授洪谦、清华大学教授洪啸吟，还出了近20位大学生，其中留学美国的就有7人。一条西溪南古街，从南唐到清代，竟走出进士30人其中武进士4人。古徽州教育之辉煌，在徽州古街上多有精彩的展示。

有的徽州古街，深深地烙着历史风云的印记。歙县七贤街流传着方腊桶匠的斗争故事，黟县渔亭街则有宋乞万黑九佃奴起义的史实记载。有的徽州古街建筑，成为传播中华传统美德的象征物（休宁商山古街还金亭、绩溪宅坦古街五凤亭）。有的徽州古街建筑，成为徽州人努力追赶时代的象征（婺源冲田古街“双面日晷”）。还有的徽州古街记载着封建礼教下徽州女人的凄婉故事，歙县斗山街“叶氏贞节坊”讲述着叶氏和朱元璋的故事，许村街墙里门，则留下了许伯升弟媳胡氏令人震撼的寡居心酸。徽州古街深邃的文化蕴涵得到了历代文人的青睐，一条古色古香的渔梁街，就有李白、刘长卿、方回、汪道昆、潘之恒、杜牧、施闰章、唐皋等等为之吟唱，留下了传世佳作。

徽州古街是徽州本土徽商成长发展的大本营。徽州山区物产丰富，自古以来乡村就有商贸活动。南唐时许坚写黟县桃花源里人家就是“市向晡时散，山径夜后寒”。歙县三阳古街过去就是“庭中兰熏秀，户外市尘嚣”。徽州古街见证了宋以来徽州人小本起家、勤俭创业、艰苦打拼，“扬帆起航”的艰难历程。元末明初，弃儒从商的程维宗在屯溪建造店房47间，招徕客商，囤聚客货商物，从此屯溪街开始兴盛繁荣。而休宁兰渡的陈半街、刘半街、休宁岩脚的曹半街，街名就记载了徽商陈家、刘家和曹家的事业辉煌。婺源虹关古街，地处吴楚分源的婺休孔道，八方客商熙熙攘攘，街西端3级石阶上年年月月的车轮碾磨，车辙竟有4厘米深。而休宁隆阜古街中段的红麻石路面，也深深地碾磨出当年商贸繁荣的印记。祁门的塔坊古街流传着徽州茶商谢步梯热心公益捐资助学的感人事迹。在休宁榆村廊亭街上，有一家“邵万资堂”药材店，当年店主人在店堂挂有一副楹联“掺合虽无人见，存心自有天知”，突出代表了徽商诚信经营的自律商德。徽州古街还生动地见证着徽商搏击时代风云、在商海中艰苦打拼的历史。被称作“茶务都会”的屯溪，自古以来就是徽州茶的集散中心。清朝咸丰年间，屯溪街就有婺源人开设的“俞德昌”、“俞德和”、“金隆泰”、“胡源馨”等著名茶号，歙县的朱塔山、许（许村）、罗（溶溪）、谢（黄山）四家族也来屯溪街设茶号，还有“钟聚”、“李祥记”等茶号也从事绿茶精制、外销业务。之后，歙、婺等地茶商竞相来屯溪街，有茶号三四十家，创制出了名扬五洲四海的“屯绿”品牌。每年至少30万担的“屯绿”，外销世界各地，“特贡”、“珍眉”、“凤眉”、“娥眉”、“虾眉”等等屯溪名茶远销俄罗斯、欧洲、美国、非洲等地。在屯溪街，当年茶庄、茶行林立。历史悠久的“同昌成”、“恒大成”、“立裕”、“瑞本祥”、“孙怡泰”、“汪集兴”、“程茂盛”、“程怡新”、“程广昌”、“汪晋丰”等茶行当街而立，屯溪街就有102家茶号，几千名茶工，使屯溪老街到处人声鼎沸，街巷茶香四溢，成为名副其实的“茶务都会”。早在清咸丰年间，屯溪街就设政府的“茶厘局”，年征茶税40余万。清光绪间徽州太守戴启文称“皖南巨镇首屯溪，万户居民本富庶。商贾幅辏繁，茶客年年竞来去”。而在屯溪街茶业中，特别要说说茶王吴荣寿。歙县岔口吴荣寿，十来岁到屯溪茶号帮工，积极肯干，练就一套制茶操作硬功夫，他得人帮忙，小小茶号先代人加工，后自制绿茶，直接与外商交易，办事果断，有魄力，讲诚信，敢闯敢干，不到20年就成为屯溪街最大的绿茶营制商，其“怡和”、“永源”、“公兴”、“华胜”等8家茶号，每年精制绿茶万箱，是外销“屯绿”的一半。吴荣寿赊欠茶农茶贩毛茶，远销后即还款，诚实守信，每年用茶工300多人。他善于权衡时势，察低昂，慎取予，和外商洋行巧周旋，大获其利。吴荣寿一生为商，不喜与官府勾连，曾因拒绝驻军经费摊派遭捕下狱，但他和许多徽商一样，发财以后也十分热心社会公益，捐巨资建校舍，创办了崇文学堂即后来的茶商小学，还和其他茶商一道，创建屯溪街公济局，积极办理救济、施药、施棺、育婴等民间慈善事业，铺设阳湖街石板路，组织民间救火队，独资购置水龙，凡遇火警，吴荣寿还亲自到火场指挥抢救。1934年，国外资本勾结国内洋行控制茶叶外销，操纵茶价，吴荣寿一类中国民间资本无法与之抗衡，在竞争中，终因亏损甚巨，忧郁而逝。从古徽州大地徽州古街走出大山的徽商巨贾，更有歙县“潜口市”的汪应庚，西溪南古街的吴养春，歙南周磅头、岔口古街、大阜古街的“周漆吴茶潘酱园”等等。歙县深渡街主要是姚氏聚居地，由于山多地少人众，人们不得不“十三四岁，往外一丢”，包袱雨伞，一叶小舟，从深渡街沿新安江下杭州、上苏州，“经营四方以就口食”，所以深渡街有民谣“深渡渡船深渡渡，姚（摇）来姚去两边姚”。

徽州古街出徽商，更出徽州商业名牌。世界名牌“祁红”从祁门闪里街香飘海外；让欧洲人为之沉醉的“屯绿”从屯溪老街叫响全球；祁门三里街陈凤卿“中和馆”的徽菜名牌“中和汤”让人回味无穷；绩溪上庄街的“胡氏一品锅”也深得美国朋友的喜爱；绩溪临溪街产文房四宝珍品“澄心堂纸”；休宁齐宁街是胡开文徽墨的发源地；万安老街出罗盘；五城古街有茶干……徽州古街，是我们了解和探究徽商文化最重要的历史遗存。

徽州古街，由于它自古以来就是徽州聚集宗族人群最重要的公共活动场所，所以徽州古街几乎都有厚实的徽州民俗风情积淀，走进徽州古街，就走进了古徽州社会。在屯溪黎阳古街，千百年来“八月靖阳”汪公庙会别具特色，其端午龙舟赛万人空巷；绩溪的扬溪古铺，“破寒酸”舞是重要的徽剧活化石；歙县渔梁街的跳钟馗、嬉鱼灯，洪琴街的中秋舞草龙；祁门三里街的“打中元”、“斋孤”民俗、西大街的“端午龙舟陆地行”；婺源蛸城古街的“板凳龙”、李坑古街的“婺源傩”……这些千百年来在徽州古街长盛不衰、深受百姓喜爱的徽州民俗风情表演、徽州民间艺术展示，是徽州乡村社会体现民间生活实态的活动着的“清明上河图”，无论过去、现在和将来，都吸引着八方人士、学者文人的目光。徽州古街展示的徽州民俗，有许多还折射出徽州社会敦邻睦族、追求和谐的古朴风尚。在休宁瑶溪古街上有一座“赢詹厅”，历史上詹、戴两亲家为下棋输赢而守信，戴家为表巧计“赢詹”的歉意，在两族元宵出板龙游街的民俗活动中，约定让詹亲家板龙到后才出街，谦让之风，使两族世代和睦，保持了瑶溪古村的祥和。

徽州古街作为徽州古村落建设的核心街区，也比较集中地体现了徽派建筑的特点和风格。首先徽州古街忠实地实践了徽派建筑重视整体规划布局、与自然和谐相处、因地制宜的理念，根据自身所处古村镇的实际，依山傍水，精构巧思，创造了许多特色突出的著名街区。屯溪老街、渔梁鱼鳞街、万安码头街、绩溪石家棋盘街、休宁齐云道教月华街、歙县坑水相依澹淇街、大谷运石下暗河石上街、灵山沿溪蜿蜒石板街、休宁榆村廊亭一面街、潜口祠堂街、郑村牌坊街、绩溪湖村门楼街……徽州古街不但规划布局奇巧特别，其街面建筑也有着浓郁的徽风徽韵，粉墙黛瓦、马头楚楚，大多前店后坊，货铺、作坊、居室合一，还有较多的街门、更楼、码头等等街区公共建筑。十字路口，多有弧形墙，做退一步想方便他人，还设立“街灯”行善事，特别在徽州古建筑防火方面，有许多匠心杰作。单就徽州水街来说，著名的就有唐模水街、龙川水街、桂林水街、冯村水街、堪头水街等等。唐模水街中街流水，十桥九貌，千年银杏浓郁街口，小西湖檀干园增水街之美，长1100米，既是一条民居街、商业街，又是一条历史文化街。绩溪龙川古街，龙堤、凤街沿龙川水向前伸展，溪水潺潺，杨柳依依，龙凤呈祥，祠堂、牌坊、民居、店铺自然协调，和远山近水绿树蓝天相映成趣，成为徽州最美的街区。绩溪冯村水街500多米长，13座石桥连通街面，一座官赐名门府第面街而立，5座牌坊高耸街头。绩溪堪头水街，村头和村尾溪水落差近30米，村人沿街在溪上铺了10座石桥，砌了28处取水石坎。歙县灵山水街沿丰溪水依山就势铺了两三里石板，每块石板伸出溪沿差不多1/3，每年农历六月二十四“灵山庙会”人山人海之时还在溪上铺木板扩展街面，成为徽州最独特的山村水街。

作为徽州古村落核心部分的徽州古街，千百年来历尽沧桑，有的风貌依旧，像屯溪老街，得到了较好的保护，至今仍是重要商贸场所，被列为历史保护街区，成为旅游景点。而更多的是难逃岁月的磨蚀、人世的劫难，面目全非，残垣断墙，满目凄凉。许多徽州古街人文生态正面临逐步消亡的危机。屯溪中心城区的柏树老街和黎阳老街，在新一轮的旧城区改造中，柏树街在开发商规划中是一个新商贸休闲中心，古街成片徽派古民宅被拆毁后，街头街尾的“程氏三宅”古民宅和程大位纪念馆，成了孤零零的两个“文物”，老街区的原来风貌和历史文脉基本被铲除，柏树街的消失，引起了社会的很大反响。黎阳老街开发改造在即，也引来了社会各方面的重视。而随着新农村建设浪潮的到来，许多徽州古村落的当政者，都在热心搞新村规划，建洋楼、翻石板路、铺水泥道，一些著名的徽州文化古街将在“建设”中消失，一些重要的徽州文化“乡村记忆”将随古街的不复存在而永远逝去。于是，一个徽州文化人文生态保护的大问题，徽州古街要不要保护？怎样保护？怎样在发展和建设中保护的问题，尖锐地摆在了世人面前。徽州古街的保护意义重大，刻不容缓，需要高度重视，这应该是不容置疑的。

遍布古徽州一府六县以及周边地域的徽州古村落，构成了让世人瞩目的徽州文化区域生态整体，这一独特的文化区域生态，是数千年来在特定的文化地理单元中由超稳定的社会结构经过蒸育胚变而逐渐形成的。徽州古村落入选世界文化遗产名录和遗产名录预备名单，凸显了这种区域文化生态的人类文明价值和意义。保护这份珍贵的人类文化遗产，是对历史和对人类的庄严承诺。而徽州古街，恰恰是徽州古村落的核心、徽州古村落的主体、徽州古村落的胸腹。保护好徽州古街，就是保护徽州古村落，保护徽州文化物质的和非物质的遗产。

对于一些著名的、别具特色的、文化蕴涵丰厚的徽州古街，加以调查研究，发掘整理，进行保护规划，修旧如旧，保持原始文化生态，将有利于徽州文化乡村旅游的深度开发，像唐模水街、万安古街等等，是徽州文化考察体验旅游的特色景点，将是万金难买的旅游品牌。对徽州古街现存的各类徽州人文遗迹进行发掘打造，像徽州名人故居、遗迹的推介，徽州古祠堂、古塾学、古文会等古建筑的利用，都有利于丰富徽州古村落乡村旅游的内涵。至于产生在徽州古街这一特定人文生态环境中的各种徽州民间艺术、徽州民俗风情表演、徽州文房四宝、徽州盆景、徽菜、徽州四雕等等，只要我们稍作发掘整理，进行创造性的开发利用，就不仅能搞活徽州文化乡村旅游，而且对农村产业结构调整、转变村民发展观念也有深远意义。所以保护好徽州古街，不仅仅是对徽州文化精神家园的一种守护，而且也是徽州特色的新农村建设的一种新思路。保护徽州古街，就是保护徽州文化看得见的历史，保护重要的徽州文化物态现存，保护徽州古村落的个性风貌，保护徽州古村落发展的历史脉络，保护徽州文化乡村旅游重要的人文资源。

在新的历史时期，在市场经济条件下，在新农村建设高潮中，徽州古街的保护、发掘、研究、开发利用，尤其需要坚持科学发展观，坚持可持续发展。对于一些有深厚徽州文化蕴涵、原始人文生态保存较为完整的历史文化街区，要努力保护其文化遗产的真实性，传统空间的连续性，千万不可大拆大建，切割原生态肌理文脉。要根据徽州古街各自的价值和现状，区别情况，采用多种级别，多种保护方法，实事求是，既使徽州古街尽量保持徽风徽韵，又使其在发展中得到更新，得到创新性的保护。徽州古街因其古，不少砖木结构的徽派建筑朽烂老化，有的需修旧如旧，有的可仿古改建，有的则需以新换旧，都需要按皖南古民居保护条例等相关法规，依法有序地采取各种措施。对于旧城改造中古街区的建设，更应该多方听证，郑重论证，以防止“建设性”毁坏。

徽州古街其特点是它不完全是一个静态的建筑格局和建筑群，而是一个居民生息活动的社会，既要保存其物态现存，更要保存其社会生活实态。徽州古街的保护，应该努力探索解决古街区保护和人的现代化需求这一矛盾的方法。我们需要古街现存，也需要人的生存，不断提高所住居民的生活质量，不可人为割断历史遗存和居民生存的关系。保护徽州古街，应区别情况，或走或留，可走可留，可修可换，可修旧如旧，可仿古改建，可另辟新区安置，各种方法都要因地制宜，不应一刀切。总之，我们应该充分认识徽州古街保护，对于未来徽州乡村文化旅游开展的价值，对于徽州特色的新农村建设的意义，把老祖宗留下的这份文化瑰宝妥善保护好，开发利用好，尽量减少历史遗憾，为子孙后代造福，把灿烂的博大精深的徽州文化“世世代代传下去，让它永远立于世界文化之林”。

（与方利山老师合作，发表于《黄山学院学报》2007 年第 4 期）

《徽州古村落文化丛书》序言

人类历史的发展充满着辩证法。一方面，总是有新的事物的出现冲击着既定的社会结构和文化传统，推动历史的进步；同时，这种推进的过程又并非回荡着温情脉脉的旋律，常常伴随的是生命的杀戮、善良的破碎和美好的毁灭。但是，以善和美的牺牲为代价换来的又是更高层次上真善美的统一。纵观中国几千年封建社会的历史，总的来说，它以其超稳定的结构形态缓慢前行，但在某些阶段、某些方面，它又经受着或剧烈的争夺、或反复的跌宕、或死水微澜般的波动。造成中国封建社会局部的、阶段性的、有限的变动，其外在和内在因素不外乎三个方面：一是民族的争斗；二是统治者自身的分裂；三是来自底层百姓的反抗。这三大因素的冲击时大时小、时急时缓、连绵不已。诚然，那些充满着血与火的呐喊呼号，最终湮没在冰寂的历史长河，即使是改朝换代带来的刹那社会外在结构的巨大错动，迅速地也因汉民族传统文化强大的内敛力同化而回归正轨，没能带来中国历史的焕然一新。但是，细观那一次次社会结构的风云激荡，其对社会某一阶层、或对个体命运的强力扭曲和扼杀，对一个个活生生的人的心灵世界的震撼，以及由震撼而激发的心灵蜕变，充实和丰富着历史的内涵；并且，由这种心灵蜕变而爆发出的对生命更新的追求与创新，无疑又为外在历史的发展增添了多姿多彩。

发生在中国两晋之间的“永嘉之乱”，唐代的“安史之乱”、黄巢大起义和两宋之间的“靖康之乱”等，在撼动历史秩序的同时，给世代生活在中原地区的衣冠巨族们以一次次沉重的打击，数百年间，成千上万的中原士族为避战火辗转南下。当时这些门阀制度下的权贵们的窘境是可想而知的，他们不得不抛弃功名富贵、深宅大院而胡乱卷起一些细软、谱牒、书籍仓皇逃离世居乐土，顺着寒冷呼啸的西北风向南，向南，渡过黄河，越过长江，再行几百里，方找到一处高山屏蔽、林木掩映、远离战火的山清水秀之地可以歇脚喘气——这就是徽州。源源不断的中原士族犹如万斛珍珠散落在这苍翠浓郁的崇山峻岭之中。

徽州本是山越荆莽之地，自然灵气十足而文化气息微弱。中原士族们在清风拂面、碧水濯足后，必须面对现实重新考虑构建自己的生存和精神家园。痛苦反省无疑是他们思考的主调：为什么会失去列祖列宗的乐土？如何才能恢复逝去的光荣与梦想？士族们大多出身权贵、养尊处优、满腹经纶，由钟鸣鼎食坠至狼奔豕突，背井离乡，有大痛苦，更有大感悟。他们很快适应了现实，找到了对策：一是聚族而居，构建村落。生存是第一要务，必须让血缘宗亲合族而居，选择“枕山、环水、面屏”的天人合一理想风水宝地构建村落，既解决了衣食之虞，又抵御客地的凶险，同时能福荫子孙。于是，胡姓建村于龙川、西递，汪姓择址于宏村，吴姓卜居于昌溪，罗姓定居于呈坎，曹姓立足于雄村，石姓落户于石家，倪氏扎根于诸口，江姓聚族于江村……他们所选择的皆为灵山秀水环抱，既适耕稼又合居住之地。二是重建宗法文化的传统。再大的苦难也动摇不了这些饱读诗书的士族们对孔孟儒学的尊崇，必须让等级有序的宗法伦理文化传统一脉相承并发扬光大，“惟孝惟忠聪听祖考彝训，克勤克俭先知稼穑艰难”，“处世无欺，爱人以德，守分安贫，即是敬宗尊祖；持躬有则，任事惟成，明伦重道，便为孝子贤孙”。尊祖叙谱，敬宗建祠、修墓，睦族互相赈济。这样，在每个村有高大威严的祠堂，祠堂中有先祖容像和祖宗牌位，并珍藏有完整的族谱；有周全的祭祀礼仪；

还有严苛详尽的族规等来约束子孙，凝聚人心。三是强化崇文重教、光宗耀祖的道德激励。生存是基本，制度是保障，发展是目的。所谓“修身齐家治国平天下”，每个儿孙不仅自己要出人头地，还要为家族挣得荣耀，获得皇朝的恩荣；而要达此目的，“若不读书，便不知如何而能修身，如何而能齐家治国”，“读书志在圣贤”，“男儿欲遂平生志，六经勤向窗前读”，“贫者因书富，富者因书贵。愚者得书贤，贤者得书利”，时刻牢记“朝为田舍郎，暮登天子堂”。各个村落或建宏伟的书院，或利用简陋的塾室，延请饱学之士谆谆教诲。宗族则“或附之家塾，或助以膏火。培植得一二个好人，作将来楷模，此虽族室之望，而实祖宗之光，其关系匪小”，就这样，一年又一年，一代又一代，在徽州这块“僻陋一隅，险阻四塞”的土地上，不时可见“聚族成村到处同，尊卑有序见淳风”的村落，并且“文风鼎盛”，“十户之村，不废诵读”。那平和的炊烟、虔敬的香火和那琅琅的书声伴随着霭霭云雾在碧蓝的徽州上空一齐飘荡、升腾。

正是秉承着曾经历巨大人生落差，饱受痛楚的先人们生命深层激发出的坚韧顽强的变革自身的进取精神，再经过数百年相对宁静环境下不断的濡染、积淀、强化而升华，徽州儿孙们的辉煌犹如漫山遍野的山花，年年季季灿烂开放。

一是“以才入仕”者多。自宋代科举成功至明清两代以至民国以后，徽州儒生通过公平竞争跻身上流社会者数不胜数，所谓“一科同郡两元”、“兄弟九进士、四尚书”、“一榜十九进士”、“连科三殿撰，十里四翰林”、“父子尚书”、“四世一品”等等；徽州共走出28位状元，出过17位宰相，这些占全国总数的1/24，真可谓“名臣辈出”。二是“以文垂世”者众。像朱熹、戴震、胡适三位可称得上是中国学术思想史上的巨擘；在政治、哲学、文学、艺术、医学、科技、饮食、书画、雕刻、建筑、园林等领域名人灿若繁星。三是经商成功者无数。从徽州大山中走出，顺着新安江等水流走向全国乃至日本、东南亚的无数徽州子孙，在盐、木、茶、丝、药材、典当等项目的经营贸易中明清时期独领风骚数百年，从“扬州为徽州殖民地”、“无徽不成镇”、“钻天洞庭遍地徽”等说法，可见徽商实力之一斑。

一个个的硕儒、高官、巨商走出了徽州，走出了家乡父老的视野，但他们的根还在故乡，还扎在曾经哺育他们的村落中，家乡的水口、白墙黛瓦、街巷、古树、祠堂、天井、鸟语蝉鸣、儿时的伙伴，更有全体宗族的期盼的脸容仍历历在目。于是，他们把获得的恩宠和荣耀贡献家乡，把金银财富捐输家乡，把自己对同宗后辈的嘱托希冀题赠家乡。这样，陈旧破烂的一座座村落渐渐焕发出无限生机：一座座世科坊、“四世一品”坊、“进士”坊、“中书”坊、“贞节”坊和“恩荣”牌楼等高高竖立村前；宏村浩繁的“牛形村”建筑体系、石家村宏伟“棋盘”格局、呈坎精妙的“八卦”形三街二圳九十九巷等等都得到了彻底整治；渚口建起了气势恢弘的“一府六县”，敬爱堂、溥公堂、知本堂、东舒祠等等拔地而起，或被扩建、装潢得美轮美奂；桂枝书院、紫阳书院、竹山书院等气象万千；非园、果园、西园、东园，桃李园游人如织，引得名人雅士似莺飞蝶舞般徜徉唱和；还有精美绝伦、立意深刻的石雕、砖雕、木雕，以及语重心长的题额、楹联、格言，更是营造出浓郁的文化氛围，让后学者在“问渠书屋”、“凤游山书屋”等潜心求索，能“抬头见扇（善）”、“步蟾”折桂，乘“祥云”升腾……

于是，承载着厚重历史期盼的一座座村落，因为她的子孙在现实中飞黄腾达，犹如画龙点睛般活灵活现；在漫长的期待中，祖辈们以他们的“尊崇天理”、“积善积德”、“惟勤惟俭”，精心地铸造着村落的灵魂，如今儿孙们不负厚望，不仅没让村魂丢失，而且又以自己的反哺，让村魂添具了时代的风采而更加鲜活跃动！

说村落是徽州社会的缩影，说村落是徽州人魂魄所系，说村落是徽州文明的博物馆，等等，丝毫不为过；最本质的，在千年的峥嵘岁月中，村落是徽州文明得以灿烂演示的平台，同时在某种程度上也是中国封建社会精英文化得以演示的平台。

俱往矣。过去的村落今天只能称为“古村落”了，导演们都已作古，一幕幕鲜活的剧目变为“遗产”，一座座平台的原貌已经和正消失在人们的视野。

很高兴，《徽州古村落文化丛书》的作者们为我们提供了10本图文并茂的书稿，能够让我们进入沉睡的村落，在残存的遗物中触摸徽州祖先的脉动，梳理徽州文化的脉络；并且令人惊喜的是，探索者大多数也是沐浴着徽州文化成长，他们在情感上与徽州有一种天然的契合，而同时眼光又是现代的。现代思维令他们既能入乎其内，又能出乎其外；而较厚的素养又使得每本书的叙述深入浅出，活泼生动。

10本书，选择10个村落，10个村落选择徽州文化的10个侧面：写江村浓墨于宗族文化演绎，写龙川重彩于名门望族溯源，写宏村潜心于聚族而居的风水选择，写西递沉浸于徽商的精神世界追求，写呈坎凝神于解剖乡村社区结构，写昌溪着力发掘儒和商两种文化的互补，写雄村侧重于书院园林文化，写西溪南徜徉文艺尤其是书、画、刻帖的流变，写渚口深入聚落文人的发掘，写石家落笔村落构建意术的匠心。稍感不足的是，每一本书是较充分的，但我认为还有徽州文化的其他更多侧面大有文章可做，希望我们能继续深化、拓展，以充分展示徽州文化形成、发展和蜕变的全貌。

是为序。

（合肥工业大学出版社2005年版《徽州古村落文化丛书》总序）

京剧寻根到徽州

——论徽剧、徽州文化

今年喜逢徽剧诞生400余年，京剧诞生200余年。9月27日随着黄山市“京剧寻根系列活动”拉开序幕，京剧自形成以来首次以强大的阵容及精彩的节目回到母亲的怀抱——徽州。前期的京剧名家寻根演唱会、南北戏曲演唱会、京剧票友大赛等活动，使得黄山观众享受了一台台丰富多彩的中国戏曲艺术盛宴，尽情领略了京剧的风采。今天，有关领导和专家学者相聚于此，围绕“文以商兴，商以文强”的主题，对徽商与徽剧、徽剧与京剧、徽剧与徽州文化等方面进行研讨，旨在推进戏曲史研究，更好地开发利用我市戏曲文化资源和徽文化资源，扩大徽文化在国内外的影响。

自从清乾隆五十五年（1790年）“四大徽班”进京，京剧与徽州就结下了解不开的情缘。作为徽州人无时不引以为傲，对京剧充满了特殊的感情，这也是今日黄山观众对京剧寻根之旅活动充满激情的根源。而许多著名的京剧表演艺术家如梅兰芳、尚长荣等，也正因此对徽州有一种独特的情结。他们对徽州、徽剧有深刻的认同感，认为徽剧是京剧之母，徽州是京剧的故乡。

历史悠久的徽剧，剧目内容丰富，涵盖面广。在唱腔上，徽剧“博采众长”、“兼收并蓄”，具有广泛性和多样性的特点。不同声腔如青阳腔、四平腔、徽昆、昆弋腔、吹腔、拨子、二黄、西皮、花腔小调等各有不同的特点，应用于不同类型的剧目，将各类情感或婉约、或激昂表现得淋漓尽致。在表演艺术上，徽剧重排场、擅武功、讲功架，具有浓郁的乡土气息。作为一个古老的剧种，徽剧更是有许多耳熟能详的代表剧目与代表人物，如《水淹七军》等，我们今天还能欣赏到这些保留剧目。而像程长庚等更是名留青史，书写了徽剧和京剧的华美乐章。

关于徽剧的起源问题，学界有几种不同观点：第一种认为徽剧起源于安庆、石牌；第二种认为徽剧不是徽州一带的地方戏曲，而是属于全安徽的戏剧；第三种认为徽剧起源于徽州、池州的"徽州腔"、"青阳腔"。前两种观点各有偏颇。徽剧应当是明代中晚期至清初，在"徽州腔"、"青阳腔"的基础上，多方吸收当时流行的太平腔、四平腔等优秀戏曲艺术，结合徽州的土语音调，扎根于徽州的乡土人民中，逐渐丰富发展起来的。我们徽州人应善于利用徽剧这一得天独厚的戏曲文化资源，推进我市文化和旅游事业的发展。

在徽剧的起源、发展、进而演变为京剧的过程中，徽商的作用功不可没。清初以后，伴随着徽商遍布大江南北的足迹，徽剧逐步向四周发展。特别是在当时中国东南部的商业、文化中心扬州，徽商占有举足轻重的地位。而徽商组建的"徽班"在扬州的声誉也越来越大，尤以歙县江村人、大徽商江春先后组建的"德音班"、"春台班"最为显耀，也为"四大徽班"进京打下了坚实的基础。清乾隆五十五年（1790年）"四大徽班"进京，把徽剧的发展推向了一个高峰，同时也直接促成了京剧的形成。研究徽剧与徽商的关系，对于今日研究商品经济与文化艺术之间的相互作用可资借鉴，有益于现代文化事业的发展。

徽班自清乾隆末期进京之后，百余年间，风靡一时，成为京城剧坛的主流。经过戏曲艺术家程长庚等人的努力，徽剧在表演实践中不断吸收其他戏曲的精华，受到京腔、京韵的影响，徽汉合流、皮黄结合之后，于道光前后逐渐演变为京剧。虽然京剧脱胎于徽剧，两者有很多共同点，但两者也有区别。

大体上来说，京剧是一门综合性艺术，比徽剧更完整、更程式、更规范，集古代优秀戏曲之大成，是当今戏曲舞台上技艺最完整、普及面最广、影响力最大的一个剧种。而徽剧似乎没有那么地精致，但却更加朴实、粗狂，具有浓郁的乡土气息，接近生活。这也是它虽然日渐式微，却仍然生生不息的原因。了解徽剧与京剧的异同点，对于谋求两个古老而优秀的剧种在现代社会的发展之路，继承中华民族优秀传统，振兴中华文化有着非常重要的意义。

在市场经济大潮的冲击下，京剧与徽剧直面现代文化的挑战，面临相同的窘境，现状不尽如人意，如演出市场狭窄、表演人才断层等。但是近年来在党和政府的扶持下，中华传统文化日渐复苏。由中国戏剧家协会、中共安徽省委宣传部等单位主办，中央电视台戏曲频道协办，黄山市委宣传部等单位承办的“京剧寻根之旅”系列活动，显示了社会各界对于弘扬中华传统文化的决心和信心。此次论坛也将在振兴和弘扬徽剧艺术方面作出有益的探索。

黄山市文学艺术界联合会、黄山学院徽州文化研究所联合主办“徽商·徽班·徽文化”学术论坛，为各位专家学者提供了切磋平台。我们相信，通过这次论坛活动，一定能够在推动戏曲史研究的深入发展、开发利用好我市戏曲文化资源和徽文化资源、扩大徽文化在国内外的影响方面产生积极作用。

（在2007年10月“京剧寻根之旅论坛”上的讲话，收入《徽州学研究》第二卷）

《徽州文化十二讲》序言

徽州文化博大精深，徽州文化灿烂辉煌。

徽州文化，作为中华文化的代表，已经越来越受到世人的普遍关注和重视，其影响也日益广大，不但超越了本土，而且超越了本省，甚至超越了国界，形成了特有的“徽州文化”现象。人们不断前来徽州本土或考察，或研讨，或借鉴，形成一股探寻徽州文化内在奥秘与魅力的浪潮。

黄山学院作为徽州大地唯一的高校，一直高度重视对徽州文化的抢救、整理和研究工作，取得了一系列研究成果，为弘扬徽文化作出了自己的贡献，受到了社会好评。多年前，我们曾编写了第一部建构徽州学学科体系的《徽州学概论》，在徽学界产生了良好影响，尽了本土高校对本土文化研究的责任。现在我们又从徽州文化的角度，试图编撰有关徽州文化的第一部教材，努力建构校本教材体系，为研究徽州文化、宣传徽州文化、普及徽州文化作出我们新的努力。

校本教材的最大特色是内容的地域性。通过对地域性知识的发掘，让大学生更好地认识自己所处的地域社会环境，接受地域文化和历史的教育，形成对社会的认同和接纳，并将其传承下去，最终达到在地域文化知识环境里，潜移默化地促进大学生的综合发展。在当前知识转型的背景下，地域性知识的意义已日益凸显。

校本教材建设的根本目的是为了满足学生、教师和学校发展的个性化需求并促进其发展。黄山学院身处徽州文化的发源地，而徽州文化又是中华后期文化的典型，作为地方高校理所应当地要与地域文化相拥抱，从徽州文化的厚重积淀中汲取滋养，借以加强办学的个性与特色。编写一部反映地域文化特色和适应高校特色课程建设需要的校本教材，是历史和现实赋予我们的责任，我们理应以高度负责的态度和开拓创新的精神做好此项工作。

如何把握徽州文化的体系和精神？我们经过反复斟酌和推求，选取了徽州文化与徽州学、徽州的地理与社会、徽州村落、徽州宗族、徽商、徽州教育、徽州学术、徽州杰出历史人物、徽州科技与工艺、徽州艺术、徽派建筑、徽州文书等 12 个关节点来梳理徽州文化，来构筑徽州文化体系。这就是我们现在所看到的《徽州文化十二讲》的总体架构。

为了使以上架构得到更好实现，我们在编写工作中试图在以下方面作出努力：一是每一讲都要涵盖学术界有关该部分的基本研究成果（含最新成果），做到有一定的总结性；二是每一讲都要把有关该部分的代表性见解，加以有机介绍或引用，以增加学术和知识含量；三是每一讲所涉及的基本概念都要进行界定，界定时要特别注意科学、规范和简明扼要；四是每一讲都要处理好材料与观点的关系，力求观点正确、全面，材料扎实有力；五是每一讲都要在过去材料和观点的基础上有新的提炼和认识，不做机械的梳理和整合，引入创新意识，使每一部分都充满思想的活力和语言的活力；六是每一讲都要把所具有的内涵和外延尽力挖掘出来，使整部教材既具有一定广度又具有一定深度，还具有一定高度；七是每一讲都要克服“流于一般”的状况，要出质量，要有特点和亮点，要有被人看好和看重的东西；八是每一讲的语言表达既要注重语言规范、精练和准确，又要力求通俗易懂和形象生动，使读者易于接受和乐于接受；九是每一讲的思考题要有思考价值，在与教材内容相吻合的同时，要具有启发性；十是每一讲都要把参阅和引用的论文或专著加以注明，注意学术规范性。应该说，这其中有的是一些基本要求，有的却是很高的要求。一般说来基本要求容易达到，很高的要求要达到绝非易事。对照以上原则要求，可以看出我们目前还存在不少距离。“虽不能至”，但我们一直“心向往之”；尽管眼下没有完全做到，但我们期盼通过今后的不懈努力来力求做到。那种一蹴而就和一劳永逸的思想是不切实际的，也是永远要不得的。独有的品格，来自于不懈的追求。

在对这部教材进行评审时，一位专家这样说：“黄山学院徽州文化研究所曾主持撰写《徽州学概论》，总结了20世纪80年代以来国内外徽州学研究的新成果，具体构建了第一个徽州学的学科体系。现在总结教学实践经验基础上，又组织力量编撰了《徽州文化十二讲》作为新教材，以实现黄山学院特色课程建设的新跨越。其特点是：（1）总结了国内外徽州学研究的新成果，反映了与时俱进的徽州学研究发展态势。（2）在博大精深的徽州文化体系中，选择了12个要点作为讲题，并引用对该讲内容具有权威性的公认的评语，具有画龙点睛作用。各讲独立，又有内在联系，每讲之后皆编写了恰当的思考题，便于教学。（3）从整体上看，各讲皆能抓住主要内容，语言流畅，说明清楚，深入浅出，通俗易懂。这部新教材，构建了一个便于教师使用又便于学生自学的徽州文化的较好的教学体系。”还有一位专家如是说：“该书稿是一部反映徽州地方文化特色的高校本科教材，参编的都是黄山学院中常年在徽州本土生活和工作的知情人。不光是对博大精深的徽州文化各具特色的姐妹花儿们作一次浏览，更要紧的是在这万紫千红的花丛中萃取精华，进而对重在探索大学生素质教育作一次创新的尝试。全书分12讲，每讲都是一个相对独立的单元，其主要内涵和外延及所附的思考题都是相互配套、博约有度的。同时各讲知识点群之间又有着一定的关联，形成一个有机统一的知识体系，总揽古今，兼及中外，尤能注重科学精神和人文理念的融合。阐述基本概念和重要观点时，尽量使文化艺术和科学教育相依相通、互生互茂，可谓从宏观着眼，微观落笔。整部书稿构思颇为新颖，文笔洗练流畅，堪称一部对徽州文化有导读作用的简明读物或有学术价值的参考书。”

应该说，专家的意见是非常中肯的，有利于我们对这一教材特点的认识与把握。当然，这其中也包含了对我们的诸多鼓励。

“旧学商量加邃密，新知培养转深沉。”徽州先贤朱熹的诗句给我们以深刻的启迪：我们能否通过《徽州文化十二讲》这一读本，努力商量旧学，培养新知，使得对徽州文化与徽州学的探讨更为透辟深切？让我们大家都来通过自身的不断努力，来逐渐实现这一目的、来逐渐进入这一境界。

（2008 年 5 月为合肥工业大学出版社出版的《徽州文化十二讲》所写）

●校园文化研究

论高校文化建设

高校实施素质教育，必须有一个素质教育的良好环境和氛围。这个环境和氛围，就是高品位的校园文化。因此，每一所学校、每一个深谙育人之道的教育者，无不精心营造适宜于大学生成长成才的校园环境和氛围，无不重视校园文化建设。

一

校园文化是一个复杂的文化系统。作为一个特定的文化概念，它有着许多有别于城市文化、企业文化、村镇文化的特定含义。按照社会学的观念，校园文化是置身于社会文化大背景中的一种具有自身特点的亚文化形态，其分类属于社会文化范畴。从这个意义上说，校园文化是师生在特定的环境中创造的一种与社会、时代密切相关，又具有校园特色的文化氛围、文化活动、校园精神的总和。其中，文化氛围是校园文化的基础，文化活动是校园文化的重点，校园精神是校园文化的核心。

高校既是继承、传播人类文化的场所，又是创造先进文化的基地，处在社会文化发展的前沿。高校的校园文化，既与社会经济、政治制度及其相应的社会主导文化息息相关，同时又有自身的许多特性和特点，处于不断发展变化中，为创造先进文化注入活力。在新的历史条件下，校园文化这个概念已经赋予了社会主义精神文明的内涵，其包容性大大丰富和拓展了。它不仅仅是开展一些健康有益的文化娱乐活动，而是关系到学校育人的方方面面，包括校风、学风、校园的整治、办学历史传统资源的发掘、景观的布置、规章制度的建立、校内的舆论导向、学术氛围、道德风尚、师生关系等等。校园文化的内涵，包含了素质教育的内在要求。教育部副部长周远清同志在谈到素质教育问题时说，加强素质教育要做到“三个提高”，即“提高大学生的素质，特别是文化素质；提高大学教师的素养，特别是文化素养；提高学校的品位，特别是文化品位或格调”。由此可见，素质教育与校园文化建设是紧密相联的；实施素质教育，必须充分运用校园文化这一有效的手段和载体。

从层次上分，校园文化可以分为表层文化、中层文化和深层文化。

表层文化是指校园文化的物质文化形态，它包括校容校貌、建筑格式、活动场所、绿化美化、雕塑景观及各种设施。这种物质文化形态的展现，不仅在于它的外观形象，更重要的是其外观形象所蕴含的“精、气、神”，体现了一个学校的文化内涵。它是校园形象和精神风貌的物质依托，对于增强学生的凝聚力、陶冶情操、享受美感起着重要的作用。

中层文化是指校园文化的制度文化形态，它包括学校的行为规范体系，保障教学、服务师生的各项规章制度，体现奖罚和激励机制的政策条例，要求师生共同遵守的会约、守则等。高校的规章制度反映的是学校文化的准则，它在发挥规范作用的同时，对学生进行导向、调控和纪律训导。从教育学意义上讲，优良的班风、校风，严谨的规章制度和行为准则，更能对学生进行有目的、有计划、有组织的文化素质教育，加强了它的有效性和方向性，减少了盲目性和自发性。在更深层次上，制度建设可以给学生带来一种独特的管理思想和教育理念。

深层文化是指校园文化的精神文化形态，是校园文化的核心层次和灵魂。它包括学校的历史传统、校训、校风、人文精神、师生的价值观念、办学风格等，集中地反映了一所学校的本质和个性特色。校园文化的核心问题，是提倡一种什么样的校园精神。建设一种健康向上的校园文化氛围，以实现对人的思想观念、思维方式、精神状态、心理素质、行为方式和价值取向的显性与隐性塑造，这是校园文化建设必须着力追求的目标。

二

在高校中，学生高素质形成的主要途径、手段是课堂教学和校园文化环境。虽然两者共同地对学生素质的形成施加影响，但是，如果说前者侧重于提高学生知识素质，那么校园文化将极大地影响着他们的行为素质和精神素质。尤其是在社会体制转轨时期，学生的行为素质和精神素质以及校园文化本身的变动性、可塑性比知识素质、课堂教育要大得多，也复杂得多。从这个意义上说，校园文化建设是造就学生现代素质中非常关键也是非常紧迫的一个因素。因而，这就提醒我们对待校园文化建设不能只是从文化的层面来求得知识的扩大，也不能只是从第二课堂的角度来获得丰富的生活，而应直接地把校园文化建设放到培养高素质人才中去认识其功能和作用。

对于校园文化的育人功能，有人说它是“无声的课堂”，有人说它是“随风潜入夜，润物细无声”的春雨。校园文化所具有的特殊育人功能，是其他任何教育形式都无法替代的。校园文化的功能与作用，笔者认为主要有以下几个方面：

1. 教育导向功能。校园文化作为青年亚文化的高层次形态，作为青年学生步入社会的桥梁，在青年学生成长过程中发挥着重要的作用。青年学生正处于成长阶段，不成熟的心理和对新事物的渴求，使他们既缺乏冷静的态度，又具有强烈的从众心理，校园文化就很自然地对学生具有一种导向性，校园文化能够把学生的思想和行为统一到学校的发展目标和人才的培养目标上来，保证学校发展方向，体现学校精神，并逐渐形成一种与之相适应的环境和氛围，从而对生活在其中的人们起着主要导向作用。

2. 凝聚功能。校园文化的核心是追求一个整体的优势，树立一种群体的共同价值观，从而对青年学生形成一种无形的向心力，把青年学生的行为系于一个共同的文化精神上。校园丰富多彩的文化活动和情趣高雅的精神生活，能使他们在结伴、交际和合作中凝聚成一个整体，以主体的群体力量产生出更大的创造，从而培养青年学生新的群体归属感、新的文化认同意识。

3. 调适功能。青年学生正处在"心理断乳"的成长期，他们在跨入社会的行程中，难免产生不适应乃至困惑，校园文化通过创造一致的精神气候和融洽的文化氛围，根本上是要消除其心理和情绪上的自卑干扰和相互摩擦，减少内耗，协调人际关系，使个体的潜能得到创造性地开拓和发挥。校园文化是青年学生适度的自我表现和合理宣泄的良好形式。为青年学生的创造行为提供各种高雅而有益的文化场所和活动，使他们在校园各种信息的刺激下，通过模仿、暗示、从众、认同等过程，发生协同作用力，最终树立校园文化主体良好的社会整体形象。

4. 审美情趣和陶冶功能。大学生应当具有一定的艺术修养，学会表现自我、描绘世界。培养学生高品位的艺术欣赏力和艺术表现力也是校园文化建设的重要内容。校园的各种艺术活动为发展大学生的艺术才能和特长提供了广阔的天地，发展了他们鉴赏美、创造美的能力。在审美活动中，千变万化的美的形象很容易被青年接受，他们出自内心的意愿和要求去阅读文学作品、参观名胜古迹、看演出，不知不觉受到教育，陶冶了情操，培养了艺术思维。

5. 开发智力和培养能力的功能。校园文化为大学生提供了书本知识不能给予的观察、思考的对象和机会，尤其是对自己有志或可能从事的事业内的事物会更加投入地去感悟和体验。青年学生的求知欲望是十分强烈的，他们借助于大学校园文化阵地和文化活动载体，在丰富多彩的大学校园文化活动实践中，不断获得课堂上无法学到的自然科学、社会科学知识以及各种社会生活知识。这些有益的知识补充，既有助于优化学生的知识结构，开发学生的智力，又为学生进一步学好课堂知识打下智力基础，而且，大大减少以往那种埋头读死书、思维单一、缺乏创造力的弊端。

校园文化活动的开展，对于学生实践能力和创新精神的培养也起到重要作用。学生在各种文化活动中，培养了人际辨别能力、组织指挥能力、协调沟通能力、宣传与表达能力、决策能力、社交能力等。正是由于校园文化这种强大的感染力和浸润力，使得学生的知识、能力、素质不断地充实、完善和提高，使他们的视野更广阔、思路更开阔、知识面更宽阔，并最终成为全面发展的人才。

三

校园文化是客观存在的。但客观存在的校园文化有优劣高下之分。优良、高雅的校园文化促进人才的成长，而不良、粗俗的校园文化则成为人才培养的陷阱。校园文化建设，就是学校领导有意识地培养优良的校园文化、克服不良校园文化的过程。重视校园文化建设，应从以下几方面努力：

1. 坚持正确思想导向，突出校园文化主旋律。社会主义的办学方向，决定了校园文化建设的方向。社会主义大学的根本任务是培养为中国社会主义现代化建设事业服务的人才。这一性质决定了我们必须坚持社会主义办学方向，我们不允许一切腐朽思想、落后文化在大学校园中占据一席之地。校园文化作为学校教育极其重要的组成部分，应体现社会主义的本质要求，体现先进文化的前进方向。我们必须坚持马克思主义对校园文化建设的主导地位，绝不能搞指导思想上的多元化。要让积极健康、高尚的精神产品占领校园文化阵地，形成浓郁的校园氛围，真正做到以科学的理论武装人，以正确的舆论引导人，以优秀的作品鼓舞人，以高尚的情操塑造人。

2. 校园文化建设重在提高品位，贵在出特色。高品位校园文化犹如一种无形的力量，对学生不断的渗透，从而对学生的全面发展产生深刻的潜移默化的影响。因此，校园文化精神，要在广泛开展群众性校园文化活动的基础上，强化精品意识，着力营造品位高雅、富有特色、健康向上的校园文化氛围。

原北京大学常务副校长王义遒教授提出用四个字来形容高品位的学校文化环境，即“文、雅、序、活”。“文”体现知识。学校是知识的海洋，处处充满学习的源泉，一个人置身于其中就能随处学到新知识、新学问。不仅在教室、图书馆、实验室里，而且整个校园环境都能体现学习的气氛。学校的历史文物、名胜风景有展牌说明，道路房舍、实用设施和工作规范等有明文指南。任何人进了校园就意识到一种文化，感受到一种科学与人文的气息。“雅”指高雅、雅致，它是与鄙夷粗俗相对应的。学校要体现高于社会的文明格调，景致布置，一草一木，一水一石都要给人以美的感受与熏陶；群体的举止行为要表现相互尊重、真诚礼貌的高尚风格。市井上动辄赌气骂街、打架斗殴的现象不允许在学校存在，更不用说那些坑蒙拐骗的丑恶勾当了。“序”即秩序，反映学校生活井井有条、管理规范、师生群体行为有节，守纪律，而不是杂乱无章无规可循、自由散漫。“活”就是活跃，生动活泼，充满活力。学生课余生活丰富多彩，社团活动五花八门，学生们精神饱满，热情洋溢，处处显示青年的朝气。“活”还表现为不墨守成规，勇于创新。这是一种激励奋进的气氛，激励创造能力的环境。文、雅、序、活相辅相成，构成一个统一的有机整体，共同组成高品位的育人环境。在这样的环境中，广大学生不仅能够净化思想，陶冶情感，提高说、唱、写、画、做等能力，涌现一批又一批有特长的人才，而且能够激励他们团结拼搏、争创一流的进取精神，在展现学生较高的综合素质的同时，也体现了学校的办学质量和特色。

3. 重视薄弱点，抓好科技文化建设。21 世纪是发展高科技的时代，高校在科学研究、科技发明等方面负有重要的使命。高校校园不仅要有陶冶人品的人文氛围，还要有重科学研究、重科技发明的氛围。当前，部分高校特别是新建院校，在校园文化建设中科技文化含量较低，有的几乎是微乎其微。在这样的校园文化氛围中培养的大学生走向社会，将难以适应社会的需要。

新建院校科技文化薄弱，究其原因，既有思想观念、历史传统等方面的原因，又有客观条件的原因，如：学校的设备、硬件、师资等方面的不足。改变这种状况是校园文化建设不可忽视的问题。传统的教学常常是压抑求异思维或逆向思维，而不善于用发散思维。发展校园科技文化，就要给学生提供科技发明的土壤，鼓励学生标新立异，为他们提供自由想象的空间，提供动脑动手的驰骋天地，促进其有所创造，早日成才。

4. 增加投入，不断改善校园文化环境。一个学校的氛围和环境，是一种持续存在的事业、意识、境界、感染力，是一个能够相互交流影响的引力场，它所起的作用，既有直接输入，也有通过熏陶、浸润、潜移默化，言有尽而意无穷的感染作用。日本大阪的艺术家本茨治先生就曾明确指出校园规划应让"一草一木参与教学"。校园文化建设是一项系统工程，它需要领导的重视和师生的共同参与，离不开"硬件"与"软件"齐抓并举、历史传统与现实精神有机结合、长远规划与当前措施衔接呼应。要把这些方面整合起来，推动校园文化建设健康而有序地发展，必须有足够的投入。如大学生活动中心、校园景观建造、环境布置以及绿化美化等，要统筹安排，舍得花钱。凡是校园文化建得好的学校，必须有必要的物质基础做保证。

（载于大学生社团刊物《语林》2004 年第 1 期）

论高校校园文化建设的地域特色

在社会主义先进文化大发展大繁荣的当今时代，大学文化建设尤其是校园文化建设越来越受到高度关注和重视。重视校园文化建设，说到底，是要解决“办什么样的大学”和“怎样办好大学”的根本问题。大学要有特色和个性。学校的特色和个性既体现在学科专业设置上，更体现在校园文化建设上。校园文化的主体精神是基本相同的，但是如何实现多样化和本校的个性特色，其内容、途径、形式和侧重点都可以并且是应该结合自己和周边的条件、资源而各现其能，各展其优势。黄山学院的校园文化建设在这方面进行了一些积极的思考和有益的探索。

一、建设特色校园文化的认识

黄山学院坐落在风景秀丽、文风馥郁的旅游城市黄山市。黄山古称徽州，历史悠久，文化灿烂，素有“东南邹鲁”、“新安江画廊”、“东方瑞士”之美誉。徽州文化以儒家文化为内核，涵盖哲、经、史、医、科等诸多领域，体系极为完备，内容博大精深。徽州文化是中华文化的一个浓缩和汇集，是一部异彩纷呈的“大块文章”。古徽州地区教育昌盛，人才荟萃，名人辈出，文献典籍与历史遗存浩如烟海。在这块文化沃土上，诞生了朱熹、戴震、胡适、陶行知、黄宾虹、程大位、王茂荫、詹天佑等一大批著名学者。这里还有称雄明清时期商界300多年的徽商文化。徽学与敦煌学、藏学比肩而立，成为中国三大地方显学。江泽民同志在2001年考察徽州文化后指出："如此辉煌的文化，如此博大精深的文化，要把它传下去，子子孙孙传下去，世世代代传下去，让它永远立于世界民族文化之林。"

徽州文化是内涵博大精深、独具特色的地域文化，这一文化资源是黄山学院建设和发展的源头和活水，是建设独具特色校园文化的优势资源。用足、用活、用好这一资源是黄山学院塑造品牌、打造形象、形成特色的支撑点，是黄山学院区别于其他高校的身份证。

黄山学院在办学理念与校园文化建设的方略上，高度重视如何赢得"比较优势"，清醒认识"我是谁"、"我只能干什么"、"我有干成事业的哪些资源和条件"。俗话说，"一方水土养一方人"，黄山学院作为地域特征明显的新建地方高校，坚实地立足地方，重视地域文化的滋养和作用，依据当地优势，这是最为显著而长久的特色之一。学校明确提出"打响黄山牌，做好徽文章"的办学思路是符合实际的。徽州文化为学校提供了最为深厚的发展沃土、文化营养，提供了学校独特的办学资源和特殊使命，并将长期影响着未来发展的趋向。校园文化建设循着这样的路径前行，已经形成了自己的特色和优势。

二、建设特色校园文化的着力点

高品位的校园文化能提升学校的品位和声誉，高层次的校园文化能提高大学生的素质和能力。在这样的目标指引下，黄山学院的校园文化建设着力在以下几方面下功夫：

（一）凸现精神文化魅力，在立德树人上见实效

徽州文化受程朱理学的影响，历来重视儒家文化的推行，处处充满着励志修身的文化浸润。这些年，学校在大学生中开设徽州文化选修课和专题讲座，邀请徽学专家叶显恩、栾成

显、王振忠、卞利、张脉贤、方利山等一大批教授讲学，使广大学生受到徽文化的熏陶。学生中成立了“徽州学社”等社团组织，办有《徽州学》刊物，学生举办“品徽州楹联，明人生事理”的演讲比赛，对于大学生如何做人做事做学问，收获很大。学校为在大学生中普及徽州文化知识，组织讲授徽州文化的老师编写《徽州文化十二讲》，作为校本教材，供学生使用。

在塑造校园精神文化方面，学校经过反复征求意见和论证，选用徽州名人陶行知的名言“教人求真，学做真人”为校训，旨在倡导教、学、做等方面，求真务实，探寻真理，追求真知，做真善美之人。学校精神概括为“求真求是，博学厚德，百折不挠，负重前行”，以彰显徽州人胡适提出的“努力做徽骆驼”的精神价值。

（二）发挥环境文化的作用，让学生在浸润中成长

大学校园环境文化是大学教育中无声的课堂，是一种影响人、塑造人的综合教育力量。黄山学院坐落在风景如画的新安江畔，人文与自然的和谐之美是得天独厚的优势。我们在建设环境文化时努力做到：重视自然景观的保护和利用，融山水和人文于一炉，追求校在山中、楼在景中、人在画中的最佳效果。新区建设过程中，较好地保护了地形地貌，原有的山水景观得到了切实保护，600 多种各类树木植物增添了学校的生态之美。东边的听松湖、西边的观景湖得到合理整治，亭、桥相嵌其间。自然的山、水、林和花草之景以其不可再生的独特性吸引着学子们感受校园之美。

环境文化的重点是在校园建筑上。校园建筑，我们按照保持徽派的统一风格、彰显徽州人文特色的要求，从整体布局、建筑形体、立面造型、广场布置到人车交通安排、绿化配置、屋顶和地面铺砌等进行综合考虑，充分体现徽州地域特色。

在环境文化建设上，学校注重文化品位和内涵，增强育人功能。学校大门前，16 根立柱，高耸入云天，寓意栋梁之材，

茁壮成长；进入大门后，就是校训广场，校园精神激励广大师生员工努力践行“教人求真，学做真人”。校园文化广场后的逸夫图书馆立面嵌有“经、史、子、集”四个大字，表示这里是知识汇集之场所，周边的石雕刻有“书山”“博学”“勤思”等内容，启示学子们发奋成才。校园内11条主干道路均以徽州名人命名并有人物简介。

（三）营造徽州才智文化氛围，激励大学生成人成才

古徽州地区教育发达，文风昌盛，名人辈出，“父子宰相”、“同胞翰林”、“四世一品”、“连科三殿撰，十里四翰林”等佳话频传。在古代科举考试中，休宁县中状元就有19位，成为中国第一状元县。这一才智文化资源，对启示当代大学生努力成才、创造事业仍有着很好的作用。学校每年举办《胡适成才道路》、《戴震的治学方法》、《陶行知的教育思想》、《黄宾虹成为艺术大师的启示》等讲座，学生听了很受感动。我们邀请校友，现在中央教科所工作的博士储朝晖作《大学精神与大学生成长》、徽州籍当代学者聂圣哲作《黄山学院大学生如何挑战名校学子》等报告，对学生吸引力、感染力很强。学生社团经常组织学生参观徽州名人故居，了解名人成长的历程，很有收获。

才智文化的建设，促进了优良校风、学风的形成，学生勤奋刻苦、立志成才蔚然成风。这几年，我们学校专升本、考研录取率很高，在同类院校中稳居前列。学生以其扎实的知识功底和较强的能力素质，在就业市场上受到用人单位看好，我校多次被评为“安徽省普通高校毕业生就业工作先进集体”。

（四）拓展校园文化空间，向社会实践延伸

江泽民同志在《关于教育问题的谈话》中指出：“我国各级各类学校，都必须认真贯彻教育为社会主义事业服务，教育同社会实践相结合的教育方针。”因此，社会实践也就成为校园文化建设的一个重要环节。开展大学生社会实践活动，是学

校引导学生走出校门，向社会学习，向实践学习，了解国情、民情，把书本知识同实际结合，用知识和能力服务社会的一种重要教育方式。

近年来，学校坚持不懈地开展内涵丰富的社会实践活动，使之成为学生受教育、长才干、练能力、作贡献的一条重要途径。黄山市作为迈向国际化的旅游城市，每年举办一系列节庆、大型会议和旅游文化活动，我校积极组织青年志愿者参与服务，学校还直接承担很多具体项目。对学校来说，积极融入地方，增强了为地方服务的功能，提升了学校的地位和影响力；对学生来讲，增长了见识，开阔了眼界，学到了课堂上所学不到的有用知识。今年，国际徽商大会和奥运会火炬传递先后在黄山进行，黄山学院分别组织一万名师生参与其中，大学生以其高素养的风范和优质服务，受到省、市领导的高度评价和赞扬。前不久，全省徽商文化论坛和全省旅游人才招聘会由我校承办，大批学生参加，受到了良好的教育，很多学生表示要弘扬徽商精神，立志成才。新安江作为黄山的母亲河，保护新安江的生态受到重视。我校生命与环境科学学院的学生每年以保护母亲河为主题，徒步考察新安江沿岸，调查生态和水质状况，为政府和有关部门提交了书面报告，他们自己在实践中受到了生态文明的生动教育。文学院的一位老师组织授课班级的全体同学深入古村落呈坎，从历史、人文、建筑、社会管理、遗产保护、环境生态等方面进行全面考察和调研，每人写出一份调查报告，既扩大了徽文化的影响，更培养了大学生的实际能力。旅游专业的学生利用节假日时间，到黄山各大酒店顶岗实习，增强了职业责任感和做人的基本素质，明确了自己的角色位置，回到学校，学习更勤奋，做事更务实。艺术和建筑专业的学生在社会实习活动中，感到新安山水之美和建筑艺术的精致，受到启迪和感悟，刻苦创作自己的作品，有些作品在全省、全国大赛中，获得大奖和优秀成绩。

三、建设特色校园文化的几点体会

黄山学院的校园文化建设，本着立足地域文化资源优势、突出个性品质、打造特色品牌的工作思路，几年来，经过坚持不懈地探索和实践，取得了很好的实效，也有一些体会，这就是：

（一）校园文化建设坚持学生主体和教师主导的统一

校园文化建设，广大青年学生是主体，又是校园文化培养教育的主要对象。大学作为高级专门人才培养的摇篮，无一例外地把“一切为了学生”、“为了学生的一切”、“为了一切学生”作为目标追求。充分贯彻“以人为本”的科学发展思想，鼓励学生在校园文化活动中发展自己的个性，从而形成丰富多彩的校园文化。但也要看到，大学生在成长过程中，离不开教师的指导和帮助，教师在校园文化建设中所起的主导作用不应忽视。黄山学院在地域文化建设上，依靠教师的主导作用，经过不懈努力，先后出版了《戴震全集》、《徽州学概论》、《徽学丛刊》、《徽州古村落》等高品位的成果，学校最近将收集的10万份徽州契约文书整理出版。在整理工作中，招聘了很多大学生参与其中，让他们在老师的指导下完成任务，大学生不仅学到了很多徽学知识，更重要的是提高了自己的研究能力。为使几十个学生社团健康发展，团委为每个社团聘请一位指导老师，社团活动有了正确的发展方向和很好的活动效果。学校高度重视师德建设，在教师中开展“立师德、铸师魂，做青年学子健康成长的引路人”活动。老师教书育人、言传身教的实际表现，为学生起到了良好的示范作用。

（二）校园文化建设坚持弘扬主旋律与实现多样化的统一

在文化多元结构的时代，校园文化因其特殊的育人功能，必须坚持正确的方向，必须坚持马克思主义在校园文化中的指导地位，必须以社会主义核心价值体系为主旋律，形成积极向上的主流意识，培养大学生正确的世界观、人生观和价值观。实现多样化，就是校园文化建设要针对青年人思想活跃、注重个性发展、追求不同爱好和兴趣等特点，不断创新形式和方法，形成不同风格，使校园文化更加生动活泼，更加贴近实际、贴近生活、贴近学生，极大地增强针对性、吸引力和感染力。

（三）校园文化建设做到继承和创新的统一

校园文化建设对徽州的传统文化有很强的认同性，弘扬和继承这种区域传统文化是学校生存和发展的需要，也是学校义不容辞的职责。古徽州人重视人与社会、人与自然相处的和谐思想，尊知重才的教育观念，重德修身的儒家伦理传统，吃苦耐劳、开拓进取的奋斗精神等等，在今天仍然有现实意义和价值作用，对青年大学生是很好的“营养液”。但任何一种传统文化都必须在传承、选择、批判、吸收的基础上实现超越和创新。要看到“每一种文化在其发展中对其他文化做出选择、吸其精华进入一个高的层次”。校园文化建设着眼于培养时代新人，就必须将传统文化与时代精神相结合，让青年人发展得更全面，在与实践结合的过程中，新质文化也必将应时而生。

（四）校园文化建设做到“硬”件与“软”件的统一

高校在校园文化建设中，比较重视硬件建设。硬件建设主要指大楼、活动场所、运动场地等物质形态的东西，重视这些是应该的。没有较好的硬件作基础，校园文化建设会遇到很多困难。在重视校园文化硬件建设的同时，更要重视软件建设，因为软件建设更带有根本性、长久性，虽然看不见但作用很大的隐性等特点。软件建设，一是领导重视，对校园文化的作用充分认识，把文化育人纳入学校建设发展的重要内容；二是要形成完善配套的制度体系，使校园文化建设在实施过程中落实到位，不流于形式；三是营造优良的校风、教风、学风及氛围环境，以良好的风气和氛围熏陶人、感染人、影响人。“人是环境的产物”，优良的风气和环境是一所学校区别于另一所学校最根本的文化特征。

（2008 年参加临沂师院召开的“全国新建综合性本科院校联席会议”提交的交流论文）

校园文化与地方文化在互动中实现双赢

——黄山学院特色校园文化建设

当今世界，经济全球化进程加快，科学技术迅猛发展，文化经济一体化趋势日益显现，文化的地位和作用越来越重要。文化不仅举足轻重，而且具有支撑、引导、提升与促进的功能，成为最具张力、活力与魅力的社会契机与生产力要素。高等院校是一个专门研究与传播文化的社会机构，是一个社会中优秀人才最集中的地方，也是影响未来社会发展方向的优秀年轻人才最集中的地方，所以高等院校的文化建设对社会文化建设具有较强的辐射作用。同时，在高等教育日益大众化、竞争日益激烈的今天，我国的高校尤其是地方高等院校，必须坚持以质量求生存、以特色求发展，学校的特色和个性既体现在学科专业设置上，更体现在校园文化建设上。不同高校校园文化的主体精神是基本相同的，但是如何实现多样化和本校的个性特色，其内容、途径、形式和侧重点都可以并且是应该结合自己和周边的条件、资源而各现其能，各展其优势。因此地方高校校园文化应与地方社会文化处于双向互动之中，在校园文化建设的过程中，应积极促进两者的良性互动，使校园文化与地方文化在互动中实现双赢。

一、高校校园文化与地域文化应该而且能够实现互动

高校校园文化是高校师生在适应社会经济文化发展的长期教育教学实践过程中形成的，反映其共同信念和追求的思想观

念和生活方式，是高校物质文化、制度文化、精神文化的有机统一体，是一所现代高校的个性特征。高校校园文化蕴含着丰富的文化底蕴和民族文化精华，蕴含着丰富的科学思想、科学方法、科学精神，在一定地域内构成了突出的“文化”效应，对地域文化具有示范作用。大学校园文化是一个与时俱进的开放系统，具有相对敏感的特性，对于社会文化变迁的反应十分迅速，在对各种社会潮流的变迁进行筛选、过滤、扬弃乃至超越之后，实现自身的创造和更新，同时传导给所处地域，促使地域文化的不断创新。高校每年都为地方输出大量的优秀毕业生，这些毕业生是高校校园文化塑造的优秀产品，同时也是高校优秀校园文化的重要载体，他们将是地域文化资源的开发、地域优秀文化传承创新的生力军。

地域社会文化，是指特定高校所在区域内居民的信仰、价值、行为规范、历史传统、风俗习惯和生活方式等精神要素，又涵盖着该区域内的组织机构和物质设施等物质要素。地域文化以极其普遍的方式存在于该地域的每个角落，它的普遍存在犹如一股无形的力量，对生活于该区域的人发生着影响，并时刻左右着人的生活，约束着每一个体的行为。生活于其中的大学师生虽然在交往方式、生活习惯等方面具有自身的特点，但在地域文化熏陶下，其行为方式、思想观念必然会发生或大或小、或多或少的变化。师生员工对所在地域产生亲切感，由此也会汲取地域文化的养料，并进而成为地域文化的参与者、创造者、宣传者。地域文化中的积极因素也可以被高校吸收，成为高校校园文化的有机组成部分。

基于上述，我们认为，无论是高校校园文化还是地域文化，都有实现互动的内在驱动。同时，当今中国各地都在积极发掘地方文化，努力创建文化大市、文化强市，这为两者实现互动创造了良好的外部环境。

近年来，许多地方高校高扬先进文化的旗帜，切实加强校园文化建设，着力把校园文化建设与继承创新地方文化有机结合起来，不断探索特色校园文化建设之路。如江西井冈山大学之与“井冈山精神”，陕西延安大学之与“延安精神”，贵州铜仁学院之与“黔东文化”，广东惠州学院之与“客家文化”等等，无不使学校的校园文化建设得到加强、特色和个性得到彰显、大学精神得到提升，同时地方文化也不断得到弘扬与创新，初步实现了校园文化与地方文化互动双赢。

二、高校校园文化与地域文化互动中存在的问题

作为地方院校，无论是师资、设备、文化积淀相对于老牌重点大学都比较弱，自身积淀相对少，与地方合作关系也还有待加强，大多数的校园文化建设还停留在初始阶段，不可避免地存在种种问题，主要表现在：

一是认识不到位。一些地方高校在激烈的竞争中忙于征地、扩建、争夺生员、抓就业、应对评估等，在这方面投入的人财物和精力较多，而对主动融入地方、促进文化互动融合方面则是说的多做的少。同时，一些地方政府建设文化大市、强市的口号喊得很响亮，对高校寄寓的希望也很高，但一遇到实际问题，则往往或是回避、或是拖延。这样一来，双方就找不到互动的感觉，从而也就达不到预期的效果。

二是机制不健全。应该说，任何一项工作的开展，要想达到良好的效果而不出这样或那样的问题，必须有健全的机制。一些地方高校和地方政府虽然已认识到高校校园文化与地域文化必须实现互动，但这种认识主要是停留在会议议题上，停留在讲话和报告中，停留在媒体的宣传里，而没有建立相应的互动机制或机制很不健全。因此，这样的互动是浮在表面，看起来很热闹，而实际上没有实质性的成果。

三是重点不突出。高校校园文化也好，地域文化也好，内容丰富、体系庞杂，两者要实现互动而且要达到预期目标，必须在全面融合中突出重点，也就是要解决彼此最迫切需要解决而且能从对方得到答案的问题。现实的状况是，一些高校和地

方政府或因为对他方的文化内涵研究不够，或因为对自身存在的问题认识不足，在互动中总是找不到焦点、感觉不到共鸣，甚至于抓了芝麻丢了西瓜。因此，这种互动缺乏可持续性。

三、黄山学院的校园文化与徽州文化互动的主要做法

黄山学院坐落在风景秀丽、文风馥郁的旅游城市黄山市。黄山市古称徽州，历史悠久，文化灿烂，素有“东南邹鲁”、“新安江画廊”、“东方瑞士”之美誉。徽州文化以儒家文化为内核，涵盖哲、经、史、医、科等诸多领域，体系极为完备，内容博大精深。徽州文化是中华文化的一个浓缩和汇集，是一部异彩纷呈的“大块文章”。古徽州地区教育昌盛，人才荟萃，名人辈出，文献典籍与历史遗存浩如烟海。在这块文化沃土上，诞生了朱熹、戴震、胡适、陶行知、黄宾虹、程大位、王茂荫、詹天佑等一大批著名学者。这里还有称雄明清时期商界300多年的徽商文化。徽学与敦煌学、藏学比肩而立，成为中国三大地方显学。

一直以来，扎根于徽州文化沃土的黄山学院，在校园文化建设上，本着立足地域文化资源优势、突出个性品质、打造特色品牌的工作思路，经过坚持不懈地探索和实践，取得了很好的实效。近年来，黄山市委市政府提出建设文化大市的发展目标，要求进一步挖掘徽文化，丰富内涵，打造徽文化品牌，提升城市品位。黄山学院作为一所新建地方本科院校，积极响应市委市政府的号召，顺势而为，利用自身人才优势、学术优势、资源优势，全面参与地方文化建设。

（一）积极营造互动氛围

要使文化互动顺利推进，营造氛围十分重要。作为地域特征很明显的新建地方高校，黄山学院在办学理念与校园文化建设的方略上，高度重视如何赢得“比较优势”，坚实地立足地方，重视地域文化的滋养和作用。学校设置相关课程体系，经

常性地举办徽文化论坛或报告会，普及徽文化知识，让更多的人了解徽文化的研究现状；开展具有徽州文化特色的社团活动，培养学生的参与意识；重视网络等载体建设，积极开展文化互动的宣传；多次召开专题研讨会和座谈会，商讨如何促进校园文化与徽州文化的良性互动；积极主动与黄山市政府就文化互动问题进行沟通，寻求理解和支持。这个过程其实也是一个提高认识、统一思想、营造氛围的过程。如今，学校师生对徽州文化的兴趣日益浓厚，研究、传承、创新徽州文化的成果越来越多，学校校园文化中徽文化的元素越来越多。良好的氛围，使文化互动日益推进。

（二）着力搭建互动平台

建立徽州文化研究机构。黄山学院徽州文化研究所于1994年6月成立，是学院专门研究徽州文化的学术机构，其成员主要有校内外徽文化研究专家和黄山市相关部门负责人。其主要任务是弘扬中华优秀传统文化，开展徽州文化研究，组织学院徽文化特色课程教学，促进国内外学术交流，服务于文化大市建设。多年来，研究所组织和参与了各类徽州文化学术研究活动，承担了国家、省、校各项徽州文化科研项目，开展国内外学术交流，出版、发表学术论著，培养徽州学人才，收集徽州文献资料，为推动徽州学成为和藏学、敦煌学齐名的显学作出了贡献。主要成果有：先后出版了《戴震全集》、《徽州学概论》、《徽学丛刊》、《徽州古村落》等高品位的著作；整理或出版50万份徽州契约文书；成功申报安徽省首批非物质文化遗产——“徽州民谣”；创办了专业性的研究刊物——《徽州文化研究》等。黄山学院徽州文化研究所以促进文化互动为主要任务之一，而其本身也是文化互动的结果。

积极申报研究基地。原黄山市政府市长李宏鸣在2005年10月15日市政府“徽州文化座谈会”上提出，为推进文化大市建设，搭建文化研究和互动平台，要积极组织筹建中国社会科学院徽学研究中心黄山研究院。我校于2005年11月28日召开了专家论证会，会议特邀市内和校内部分徽州学专家对此建议的可行性、设想及实施步骤进行了充分的探讨论证。与会专家一致认为，应由黄山市政府和黄山学院联合，通过相互间的资金、学术、人员编制等方面的支持和通力合作，争取早日实现“中国社会科学院徽学研究中心黄山研究院”挂牌。同时，还对在黄山市创设“世界遗产培训基地”的建议进行了专题论证，认为此举在我市有较大的施展空间，有巨大的社会和经济效益。目前，“中国社会科学院徽学研究中心黄山研究院”、“世界遗产培训基地”的申报组建工作已取得重要进展，申报组建工作也极大地促进了市校双方的文化互动。

（三）建立健全互动机制

建立联席会议制度。通过多方努力，学院与黄山市政府于2004年建立了文化互动联席会议制度，定期召开专题会议，通报一段时间以来市校双方文化研究与文化互动的进展情况，协商解决存在的问题和困难，确定今后一段时间的主要任务。这一机制的建立，极大地促进了文化互动的进程。

建立重大项目委托制度。市委市政府高度重视黄山学院的人才优势，在推进文化大市建设的过程中，文化研究和文化产业发展中的重大项目优先委托黄山学院承担。近年来，我校徽州文化研究所承担了黄山市政府的安徽省首批非物质文化遗产之“徽州民谣”项目并成功申报；徽州方言研究所承担了黄山市方言的收集整理任务；学校相关专家多次参加黄山市文化大市规划评审专家组研讨，参与评审徽州文化保护与弘扬的文化发展规划，为地方文化建设献计献策。

建立资源共享机制。为节省人财物力，在推进校园文化建设和文化大市建设过程中，市校双方实现资源共享。资料可以共享、人才可以共享，甚至一部分研究成果也可以共享。这一共享机制的建立，使得资源得到合理利用，效率得到提高，同时在共享的过程中，彼此增进了了解、加强了沟通、加深了理解，从而有效地促进了互动。

（四）正确处理互动关系

高校历来是各种思想、文化交织碰撞最激烈的地方，高校校园文化是一种开放文化。黄山学院在推动并实现着校园文化与徽州文化互动的过程中，以开放的姿态接受着徽州文化。校园文化建设对徽州的传统文化有很强的认同性，弘扬和继承这种区域传统文化是学校生存和发展的需要，也是学校义不容辞的职责。古徽州人重视人与社会、人与自然和谐相处的思想，尊知重才的教育观念，重德修身的儒家伦理传统，吃苦耐劳、开拓进取的奋斗精神等等，在今天仍然具有现实意义，对青年大学生是很好的“营养液”。但任何一种传统文化都必须在传承、选择、批判、吸收的基础上实现超越和创新。必须以批判的态度有选择性地汲取徽州文化的精华、去其糟粕，将传统文化与时代精神相结合，不断调整、充实和丰富自己，从而形成自身特有的校园文化体系。

在2007年4月中旬至6月上旬开展的第二次教育思想观念大讨论中，我校初步凝练出学校的办学指导思想、办学思路、办学定位、办学特色、校训、校风、校徽、校歌、校园道路命名等9大具体成果。我校的办学特色是化地域资源为教育资源，秉承“求真求是、知行合一”优良传统，培养一大批高素质的服务于基层的应用型人才。以资源开发为目标，开展文化资源、旅游资源、生态资源的研究、保护和利用，促进区域经济的创新和发展。我校确定的校徽、校歌、校园道路命名，既彰显出浓郁的地域特色，又折射出强烈的时代精神。学校经过反复征求意见和论证，选用徽州名人陶行知的名言“教人求真，学做真人”为校训，旨在倡导教学做等方面，求真务实，探寻真理，追求真知，做真善美之人。学校精神概括为“求真求是，博学厚德，百折不挠，负重前行”，以彰显徽州人胡适提出的“努力做徽骆驼”的精神价值。

同时，学校也在徽州文化知识的普及推广，徽州文化研究与传承、创新，徽州文化遗产的抢救与保护，徽州文化产业的建设和发展，文化大市建设的决策咨询与论证等方面扮演着越来越重要的角色，并不断把高校先进的校园文化融入到徽州文化之中，逐步成为引领徽州文化与时俱进、健康发展的一面旗帜。

多年来，黄山学院高扬先进文化旗帜，切实加强校园文化建设，着力把校园文化建设与继承创新地方文化有机结合起来，走出了一条特色校园文化建设之路。近日，我校在 2008 年高校校园文化建设优秀成果评选中喜获优秀奖（教思政司函〔2008〕72 号《教育部思想政治工作司关于公布 2008 年高校校园文化建设优秀成果评选结果的通知》）。安徽省共有 6 所高校获得优秀奖，我校是全省同层次高校中唯一获此殊荣的高校。

（2008 年 6 月参加“大学精神弘扬与大学文化建设研讨会”的交流论文）

挖掘地域文化资源
丰富大学文化内涵

作为一所地方高校，黄山学院坐落在历史文化底蕴深厚的黄山市。这里曾经孕育了博大精深、独具特色的徽文化。徽文化承载了古徽州的成长、崛起与辉煌，既是海内外众多学者心驰神往的精神家园，也是值得我们世代传承的巨大财富。在建设什么样的大学文化，怎样建设大学文化的思考与探索中，我们高度重视挖掘徽文化这一地域文化资源，用它来丰富大学文化内涵。

一

古徽州是一方具有神奇魅力的土地，在这块并不广阔的土地上，竟然几乎在每一个文化领域都取得了令人瞩目的杰出成就。徽州文化包括它的物质文化、制度文化和精神文化，作为中华传统文化中的一个重要组成部分，作为一种独特的地域文化，既有普遍性，又有典型性和代表性。可以说，任何一种文化，都有它的基本价值，无论是国别文化、民族文化还是地域文化，都是如此。徽州文化体系完备，内容丰富，在历史的演进中也形成了自己的基本价值，这个基本价值表现为：

讲求“和谐”。“和谐”既是儒家思想的最高价值标准，也是中华传统文化的价值取向，这个观念在徽州文化中也表现得特别突出。古徽州人对和谐十分地推崇与向往。徽州先哲先民构建那个时代和谐社会的种种努力和丰厚成果，为我们构建社会主义和谐社会提供了许多宝贵的启迪和借鉴。

重视“道德”。为官讲官德，为商讲商德，为人讲品德，这是徽州文化，尤其是徽州教育的重要内容。注重德行在徽州人的观念中已经根深蒂固，“延世泽莫如积德，振家声还是读书”的楹联，反映徽州人讲道德重操守的追求，这对当代青年大学生教育作用很大。

崇文重教。作为“程朱阙里”的徽州，历来文风昌盛，素有“东南邹鲁”、“文献之邦”、“礼仪之乡”的美誉。这块沃土上，高度重视教育，书院兴盛，人才辈出，涌现出像朱熹、戴震、胡适、陶行知等一大批名家，仅休宁县就出19位状元，誉为中国第一状元县。

诚信为上。徽州人受程朱理学的影响，很讲诚信。徽商之所以在明清时期称雄300多年，讲求的是诚信。大徽商胡雪岩的牌匾书写的是两个字“无欺”。这在当今市场经济中，仍有借鉴作用。

自强不息。徽州自然环境恶劣，要想求得生存和发展，必须自强不息。徽州人就是凭着这样一股自强不息、徽骆驼精神，闯出了“无徽不成镇”，闯出了历史的辉煌。

徽州文化实在太丰富、太伟大了。江泽民同志2001年5月视察黄山时指出：“如此灿烂的文化，如此博大精深的文化，要让它世世代代传下去，让它永远立于世界民族文化之林。”

古人云：“虽有佳肴，弗食，不知其旨；虽有至道，非学，不知其善。”黄山学院坐落在这样一块既有“佳肴”又有“至道”的文化沃土上，更应该细细地品尝徽文化的“佳肴”，深深理解徽文化的“至道”，知其旨，明其意，晓其善，将这一魅力独特的文化资源，发展成为建设大学文化内涵，这是我们的责任，也应成为我们的追求。在办学定位中，我们始终坚持“打响黄山牌，做好徽文章”，其意义也就在于此。

“一方水土养一方人。”地域文化的亲缘性启示我们，对于成长在地方文化包围中的个体而言，地域文化在其成长过程中发生着潜移默化的作用，并构成个体心理结构的一部分，且最终通过生活习惯、思维方式、精神观念等表现出来。地域文化不仅以外在可见、可触摸的形式存在于个体的生活中，影响并塑造个体，而且还以无形的潜在的方式影响着个体，从精神观念深处塑造着个体的人格和心灵。

二

学校秉承博大精深的徽文化资源，将徽文化研究、宣传、保护和传承作为一种历史责任，在学科设置、资料建设、项目研究、学术交流、徽州文化知识普及等方面下功夫，学校不停地汲取着徽文化的养分。岁月的熏陶，使学校的肌理中处处浸润着徽州文化的精气神。

在学科建设上，围绕黄山市提出的建设旅游大市、文化大市和生态大市的发展目标，学校确定了“打好黄山牌、做好徽文章、建好生态园”的学科建设思路，将旅游、徽文化和生态并列为三大优势特色学科群，集中优势力量进行重点扶持与发展。如今，这些徽风皖韵浓厚的学科专业成为培养人才、科学研究、服务地方的品牌学科。

为扩大徽州文化在校内的影响和传播，学校组织精干力量，整理出版《戴震全集》，在大量调查研究的基础上，撰写出版《徽州学概论》、《古徽州村落文化丛书》、《徽学研究》、《徽州文化十二讲》、《徽州文化研究通讯》等。为抢救徽州文化资料，学校投入数百万经费，从民间搜集徽州契约文书近10万份，徽州家谱近400部。目前，徽州契约文书已经过专门整理正在由清华大学出版社陆续出版，这是学校的一项重大文化工程，它的文化价值日渐提升。为发挥优势，将学校打造成为研究地域文化的高地，为当地的文化建设和发展作出自己应有的贡献，学校积极鼓励专家学者申报徽州文化的科研项目。近年来，已有“徽州文化生态保护研究”、“徽州方言研究”、“徽州古祠堂研究”等项目获得国家社科基金和教育部立项。“徽文化成因以及现代意义”等众多项目列为省级课题。为搭建徽州文化研究平台，组建了“徽州文化研究所”、“安徽省非物质文化遗产研究中心”、“世界遗产研究所”等学术科研机构，徽州文化研究成为学校科研的强势力量。

学校高度重视从文化底蕴深厚的徽州文化中汲取营养，打造具有鲜明地域特色的校园文化。在校园新区的建筑布局和设计上，保持徽派的统一风格，注重天人合一的生态文明和绿色景观。从校训、黄山学院精神到以徽州10大名人命名的校园主干道路，处处彰显徽州人文特色，处处让人感受到浓郁的徽文化韵味。多年以来，学校坚持在大学生中开设徽州文化选修课和专题讲座，使大学生受到徽文化的熏陶，成立了“徽州学社”等学生社团组织，编辑社团刊物《徽州学》等，在大学生中广泛普及徽州文化知识。

学校一边汲取着徽州文化的养分，一边用累累果实回馈脚下这方沃土。黄山学院在建设自身大学文化的同时，努力为地方文化建设发展倾心服务，学校资深徽学专家在多年调研的基础上，两次致信温家宝总理，建议设立“徽州文化生态保护区”，总理高度重视，两次批示要重视徽州文化生态的保护。2008年1月，跨皖赣两省三市的国家级“徽州文化生态保护实验区”宣布成立，标志着徽州文化保护利用进入一个新阶段。

学校非物质文化遗产研究中心成立以来，承担了本地众多非物质文化遗产名录的调研，获取了大量珍贵的第一手资料。学校积极举办全国和国际各类学术会议20多场次。为宣传黄山、扩大徽文化的影响发挥了重要作用。学校培养的毕业生，在徽文化熏陶下，热爱徽州、建设黄山的人逐年增多，如今，本校毕业生在黄山本地就业的比例高达30%。这是黄山市发展的一支生力军。

三

我国历史悠久，幅员辽阔，一个个独具特色的地域文化共同构成了中华民族的灿烂文化宝库，各地在自身长期的历史发展中，必然会形成一定的、有地域特征的地域文化。积极挖掘和利用地域文化元素，丰富大学文化内涵，对学生的成长和人文素质的培养有着非常重要的作用。但在挖掘和利用地域文化资源的过程中，要把握好一些原则，处理好一些关系。

1. 树立社会主义核心价值体系是文化育人的核心。大学文化建设必须始终坚持以先进文化为根本方向，把正确的政治导向放在首位，将“人本”、“和谐”和“人的自由全面发展”的社会主义核心价值观作为大学文化建设的首要任务，把牢固树立社会主义核心价值体系作为文化育人的核心和根本价值取向。徽州地域文化在长期的积淀中，既有优秀的精华，也带有农耕时代的封建糟粕。在利用地域文化资源时，不能良莠不分，要吸其优秀精华，剔除糟粕。我们要在扬弃中借鉴，在继承中不断创新地域文化。

2. 找准办学定位，在凝练特色中建设大学文化。办学定位是一所大学进行文化建设的基础。办成什么样的大学，如何办成这样的大学，这既是大学的基本要旨，也是大学文化特定的本质所在。大学文化是大学在此过程中浓缩的精华。黄山学院的办学定位是建设立足地方、特色鲜明的应用型本科高校。这表明学校的文化建设要凸现地域文化优势，寻求为地方经济和社会发展服务的结合点和着力点，徽州地域文化是学校生存和发展的源头和活水。建设特色鲜明的大学文化是形成办学特色的重要保证。大学独特的文化个性，往往是一所大学的象征，是推动大学办学特色更加突出、竞争优势更加明显、办学成效更加卓著的源动力。

3. 推动大学文化不断创新。新时代需要大学培养更多创新型人才，文化是孕育人之灵性的营养液。大学要不断催生创新型人才，必须拥有相适宜的文化氛围和环境。

1990 年泰国宗迪恩发表的《世界全民教育宣言》中指出，“承认传统知识和本土的文化遗产具有其固有的价值和效力，并能够限定和促进发展”。地域文化增强时代性，融合到社会主流文化中，发挥多元文化的叠加效应，关键在创新。

（2009 年在宿州学院召开的“大学文化建设研讨会”上的交流论文）

挖掘地域文化优势 塑造特色校园文化品牌

——黄山学院开展校园文化建设研究的基本情况

教育部思政司为认真贯彻落实中央〔2004〕16号文件精神，大力推动文化育人工程，在全国高校组织校园文化建设项目申报。我校积极参与项目申报，最终获得批准，与北京大学、北京语言大学、北京科技大学等院校一起，共同承担这一项目的研究任务。经过两年多来的理论探索和实践活动的深入开展，校园文化建设取得了较为显著的理论成果和实践成效。现将这一项目的基本情况汇报如下：

一、申报这一项目的动因和认识

大学既是培养高素质专门人才的重要基地，也是先进文化创新基地和重要辐射源。随着时代的进步，大学文化建设不断向广度和深度发展。高校既承担着育人的重要职责，也承担着引领社会主义文化建设的重要任务，大学文化作为中国先进文化的重要组成部分，应当始终处在社会文化的前沿。

校园文化作为大学文化不可分割的重要组成部分，是一种特殊形式，综合了各种文化因素。但从总体定性上看是人本文化。学校教书育人的对象是人，以正确的思想观念对青年进行培养是校园文化的前提，人本文化的背景是最大限度地张扬他们的个性特点，使其具备创造性思维基础。学生在文化和教化之间相互交融，在课堂和熏染中互为体会，在意识和意志的转化中升华，从而提升人的境界，陶冶性格和灵魂。因此，各高校无不把文化育人、文化兴校作为重要的办学理念，给予高度重视。

当代大学生，生长在改革开放的年代，生活条件比较好，处在多元文化混杂的时代大背景下，辨别是非的能力较弱，受重智轻德的应试教育影响，他们有知识、少文化的表现时有发生。重视青年大学生的人文教育，用社会主义先进文化和中国优秀传统文化滋养他们健康成长是必须重视的重大问题。校园文化作为适合青年人接受和参与的文化形式，有助于良好育人氛围的形成，有利于青年人将文化活动内化为文化追求，升华文化素养。

高等教育在 1998 年扩招以后，黄山学院与很多新建本科院校一样，是在专科基础上由几个学校合并升格为本科的，新建本科院校怎样办像、办合格、办出特色，是一个重大的现实课题。新建本科院校最容易出现两种倾向：一是一味追求规模的扩张，急于做大外延，忽视质量的提高和内涵的提升；二是盲目跟老牌大学攀比，追求大而全，忽视个性追求和特色提炼。解决这些问题，需要文化引领，用文化指导学校发展，从校园文化做起，不断提升学校的文化内涵和文化品位。

我们基于上述认识和考虑，积极申报校园文化建设研究课题，期望通过理论研究和实践活动的开展提高学生的精、气、神，提高学校可持续发展能力，提高人才培养的质量。

二、开展校园文化建设要追求特色，形成自己的优势

黄山学院作为一所新升本院校，围绕着“办什么样的黄山学院”和“怎样办好黄山学院”的定位问题，进行过多次转变教育思想观念大讨论和深入思考，提出了依托地方文化资源，办出自身特色和个性特点的理念，在文化兴校的理念指引下，“建设什么样的校园文化”是“办什么样的黄山学院”的

重要组成部分，它是引领学校发展，带动学校办出特色的基础工程。在校园文化建设中，我们着力挖掘地域文化资源，以地方文化的源头活水，滋养校园文化的发展，以丰厚的地方历史文化资源，打造自己的特色校园文化品牌。

黄山学院坐落在风景秀丽、文风馥郁的黄山市。现今黄山市，古称徽州，历史悠久、文化灿烂，素有“东南邹鲁”、“礼仪之邦”、“文化之海”的美誉。悠久的历史，孕育了独树一帜的徽州文化。徽州文化以儒家文化为内核，涵盖哲、经、史、医、科、艺等诸多领域，体系极为完备，内容博大精深，历史遗存丰厚，徽州文化与黄山旅游资源珠联璧合，是世界级品牌。

徽州人文荟萃，教育发达，“父子宰相”、“同胞翰林”、“四世一品”、“连科三殿撰，十里四翰林”……佳话频传。自隋唐科举取士以来，一个休宁县中状元 19 人，为全国第一状元县。徽州杰出的大家有朱熹、程大位、渐江、戴震、胡雪岩、詹天佑、黄宾虹、陶行知、胡适等，就连党中央领导人江泽民、胡锦涛的祖籍也在徽州。

黄山市现有文物古迹 5000 多处，契约文书 50 多万份，称雄商界 300 多年的徽商文化，在今天仍有价值。

江泽民同志曾盛赞奇特的徽州文化说：“如此灿烂的文化，如此博大精深的文化，一定要世世代代传下去，让它永远立于世界文化之林。”徽州最近被文化部批准为“徽州文化生态示范区”，这对保护、开发、利用、创新徽州这一区域文化是一个很大的促进。

“一方水土养育一方人。”这么丰厚的地域文化资源，是学校生存的根，是学校发展的本，是打造特色品牌的独特优势资源。我们深知：有个性和特色的校园文化，才具有生命力和竞争力。我们在校园文化建设中提出“打响黄山牌，做好徽文章”，将丰富的地域文化资源与校园文化建设有机结合，实现互动双赢，取得了显著的效果。

三、开展校园文化建设研究取得的成果

两年多来，我们在校园文化建设研究过程中，按照三个方面的分工开展工作。第一方面是组织徽州文化的研究专家和学者，带领部分学生进行徽州文化的挖掘、整理和利用研究；第二方面是以党委办公室、宣传部等单位的课题成员为主要力量，进行高校校园文化理论与建设务实的研究；第三方面，是学生处、基建处、团委等部门联合各院系开展校园文化实践活动的探索。三个方面分工明确，密切合作，由课题组统一协调。两年多时间的辛勤努力，取得了实实在在的成绩，有了较为丰硕的成果。

1. 全校开展校园文化建设的意识普遍增强。学校党委领导班子从课题研究中深刻认识到，校园文化有着很强的育人功能。校园文化通过外在的熏陶使沐浴其中的人将文化所包含的思想观念、价值体系、道德风尚等内化为个体的主观意识形态，增进了对文化的认同感，达到了塑造人的目的。因此，学校专门出台了加强校园文化建设的若干意见。在学校工作安排上，把校园文化建设作为一项基础工程、育人工程予以重视，全校上下形成一个文化育人的浓厚氛围。

2. 一大批热心文化研究的学者，积极承担区域文化研究和传播工作。为使广大青年大学生从徽州文化中吸取更多营养液，课题组负责主编、出版《徽州文化十二讲》，作为校本教材，在大学生中开设选修课。学生中成立了徽州学社，经常举行报告会、研讨会等文化活动。学校将从民间搜集到的十几万份契约文书，组织学生参与整理，即将正式出版。学生参与这项工作，不仅加深了对徽州文化的了解，而且也提高了研究能力。

3. 课题组成员承担研究任务后，积极撰写校园文化的理论文章和参加各项实践活动，现已公开发表的文章有10多篇，课题组承担的全国教育科学规划“十一五”教育部重点课题

《中国近代大学精神发展与大学生文化建设研究的子课题（地域文化对大学校园文化建设的影响研究）》已完成任务，现已结题。

4. 合理的高品质的校园基础设施建设处处流露着学校的办学理念和文化精神，校园环境文化可以达到安定师生的情绪、启迪思维、陶冶情操的目的。

我们课题研究阶段，正是新校区建设时期。为增强环境育人的文化功能，在总体规划上，提出“校在山中、楼在林中、人在文化中”的理念；在单体建筑上，强调体现徽州建筑风格，校训墙选取徽州大教育家陶行知“教人求真，学做真人”的名言为校训内容，所有道路以徽州历史名人命名，并且有简介。校园中心建有徽州文化广场，广大师生工作、学习、生活在校园中，感受到徽文化的浸染。

5. 在大学生中常年开设徽州地域文化讲座。大学生从徽州名人、徽州教育、徽州楹联、徽州故事、徽州遗迹中受到熏陶和启发，立志树德做人，修身成才，大学生健康成长蔚成风气，学校被评为全省精神文明先进单位，连续三年获得全省高校毕业生就业工作先进集体。

6. 大学生在校园文化建设实践活动中，积极组成调研小组，深入地方戏剧发源地祁门县，搜集目连戏的资料，找老艺人走访目连戏演唱艺调和方法，寻找遗失的剧本等历史资料，形成详细的资料汇编，为这一即将失传的地方剧种做了卓有成效的抢救工作，并且引起了有关方面的高度重视，新闻媒体进行了广泛宣传。历史专业毕业班的全体同学，以一个千年古村为基地，从历史、文化、习俗、建筑、宗族等方面进行全面调查，每人写出一份调查报告，整理汇编成册。同学们不仅扩充了书本知识，更重要的是深入社会、深入实践，为保护、承传古村落文化起到了很好的作用。

四、校园文化对地方发展的反哺作用

高校校园是知识和智力的密集区，是文化的集中体现场所，是人才培养的摇篮，是科技创新的高地。高校师生有着思想活跃、思维敏捷、知识面广、创新能力强等优点，他们比一般的社会成员能够更快地接触和吸取人类创造的优秀成果，他们的思维个性、价值选择、行为取向、生活方式等在整个社会中都属较高层次。因此，以高校师生为主体构建的校园文化往往要超前于社会文化的发展。并能成为社会文化的先导，推动社会文化向前发展。

岁月的熏陶，使黄山学院的肌理中处处浸润着徽州文化的精气神；徽风皖韵，使这座充满文化气息的学府，不断将自身积淀生发的文化成果回馈反哺着这座城市。黄山学院与黄山市因文化而相互提升，因文化而不断超越，文化，也就成为了连接两者的文明纽带。

黄山市委主要领导在很多的场合积极宣传黄山学院是黄山市靓丽的名片，称赞黄山学院与黄山风景区和炮兵基地一起，是黄山市的“三宝”。市里每年举行很多节庆和文化活动，学校每次都派出大批青年志愿者，承担起服务工作，表现出良好的文明素养和精神风貌。2008 年奥运火炬传递活动，黄山学院组织 1.5 万名师生承担 3.5 公里线路的观看活动，秩序井然，气氛热烈，受到省市领导的高度评价；“同一首歌”大型演出场地和纪念黄山建市 20 周年庆祝大会的场地均选在校园内，发挥了最佳效果。广大青年学子积极参与校园文化活动，深受徽州地域文化的影响，热爱黄山。近几年每届毕业生有将近 30% 留在黄山本地工作，为黄山经济和社会发展提供了有力的智力支撑。学校长期致力于徽州文化研究的专家，深受博大精深的文化影响，两次致信温家宝总理，建议成立徽州文化生态保护区。专家的建议引起总理的高度重视，两次批示给省委省政府，要求重视徽州文化生态的保护。现文化部已批准徽州为文化生态保护示范区。

五、校园文化是没有终点的过程

作为课题研究，已基本实现了预先的计划，取得了阶段性的成果，完成了阶段性的工作。但从校园文化建设来讲，它只有开始，没有终点。只要学校事业长存，校园文化建设任重道远，每一阶段的工作只不过是整个过程中的一部分。前面的研究工作，只是一个粗浅的尝试，有许多问题还有待于在后续研究中去进一步深入；对创新人才培养的校园文化建设的实践对策，有待下更多的功夫；区域特色文化与校园文化的结合，是以本校作为样本，未必能完全反应新建本科院校的现状。

我们通过课题的研究，不仅积累了初步经验，而且更重要的是看到了今后的路该如何走，往后的工作该怎么做。我们将在总结过去研究工作的基础上，下更深入和更扎实的功夫，继续努力，朝着既定的方向，实现校园文化建设到建设文化校园的提升和跨越。

（2008 年在北京大学召开的“校园文化建设研究”汇报会上的交流材料）

●综合论述

牢记邓小平亲切嘱托 建设现代国际旅游城市

——魏心一同志深情回忆邓小平“黄山谈话”

30 年前的7 月11 号到16 号，中国改革开放的总设计师邓小平同志健步登上黄山，亲手掀开了中国旅游发展的大幕，发出了“黄山是发展旅游的好地方，要有点雄心壮志，把黄山的牌子打出去”的号召。

在纪念邓小平同志视察黄山并发表重要谈话的30 周年前夕，笔者专程拜访了原任省人大常委会副主任、95 岁高龄的耄耋老人魏心一同志。邓小平同志视察黄山时，魏老任徽州地委书记，参与了全程接待和陪同邓小平视察工作，聆听了邓小平同志的全部谈话。

回忆起当年邓小平同志在黄山的谈话，魏老仍思维清晰，兴奋不已。

他说，邓小平同志在党的十一届三中全会召开后不久来黄山视察并发表重要谈话，是有备而来的。邓小平同志作为伟大的战略家和改革开放的总设计师，眼光深远，见识超人，1979 年，中国的改革开放刚刚起步，百业待兴，沿海地区的经济发展很快，而内地发展的步伐比较缓慢。

“黄山谈话，内容丰富，思想博大精深。现在回忆起来，仍感到激动人心，回味无穷。”魏老认为，小平同志的黄山之行和重要谈话，是黄山大开放大发展的难得机遇。特别是邓小平的黄山之行，首次与省、地级地方负责同志在一起谈旅游工作，他对一些问题的表述比以前更明确、更直接、更具体、更有深度，其作用和意义非常重大而深远。一是解决了要不要发展旅游问题。邓小平将发展旅游作为发展经济的一个重要组成部分来对待，特别是对旅游资源比较丰富的地方来说，更要通过发展旅游来“发财”，成为“最富的地方”，这在改革开放初期意义十分重大。二是回答了如何发展旅游问题。邓小平在谈话中从多角度不止一次地说明了抓旅游工作的具体办法。三是给黄山发展带来了极大机遇。

魏老回忆说：“我从铜陵火车站接到小平同志，当时的交通条件很差，从铜陵到黄山风景区的后山，要很长时间。小平同志以 75 岁的高龄，从后山登上黄山入住观瀑楼。当时的省委书记万里同志叮嘱我：‘小平同志太辛苦，太劳累。这次来黄山，主要是看看山，多让他休息，不要打扰他。’我理解领导的意图，让小平同志多看看黄山的美景。”

12 日早 7 点多钟，邓小平从山脚下的观瀑楼出发，迎着朝阳，步行登山。他走在前面开路，边走边观赏沿途秀丽的景色。黄山管理处的同志怕他过于劳累，特意备了一架滑竿随行，但邓小平执意不要人抬，硬是走到玉屏楼，当天晚上住在那里。海内外闻名的迎客松正在玉屏楼前，以潇洒多彩的英姿迎接着这位伟人的到来。历经风霜雨雪而益显铮铮铁骨，这是他们共同的性格。

7 月 15 日小平同志在山上视察两天后，在住地观瀑楼召开了一个小型座谈会，省领导有万里、顾卓新、王光宇、侯永参加。魏心一作为地委主要负责人参加了座谈会，并在会议开始时简要汇报了徽州地区的基本情况，座谈会主要是听小平同志谈话。

魏老回忆，邓小平同志先是介绍了欧洲旅游业兴盛的态势，谈到了旅游业在国民经济发展中的分量和作用。这次谈话的内容极其丰富，涉及旅游景区规划、旅游基础设施、旅游产品开发、旅游营销宣传、旅游资源保护、旅游服务质量等诸多方面。可以说，集中体现了邓小平同志的旅游经济思想。

——“中国的旅游业要大发展，大有文章可做，要突出地搞，加快地搞。”

——“黄山是发展旅游的好地方，是你们发财的地方。黄山要成为全国最先富裕的地方之一。要有点雄心壮志，把黄山的牌子打出去。”

小平同志明确指出，山上山下要建一些古色古香、规格不同、有大有小的宾馆，外国人住一晚上多的可以收一千美金，至少也要收两百美金。

小平同志还要求我们要利用好本地资源，多生产一些旅游纪念品，如木雕、竹编工艺品。祁门红茶世界有名，绿茶二两一包，包装搞得漂亮一些。游客带回去送人，宣传了黄山。“每个宾馆要搞小卖部。祁红世界有名，祁红、绿茶搞小包装，包装一定要搞漂亮。”“还要搞些好的黄山风景照片、画册，搞一套黄山风景明信片，让游客买去做纪念。小卖部卖茶、纸、笔、墨、砚、画册、工艺品，可以规定收美元、日元，定国际价格，大有买卖可做。”

针对黄山风景区管理落后、服务质量差的状况，邓小平同志批评得厉害。邓小平特别强调：“对黄山的工作要好好整顿，主要是要搞好服务态度、清洁卫生，房间内设备要搞好，床单、枕巾要每天换。要搞好道路、交通、住宿、设备。”对怎样调动职工的积极性，他指出：“凡是服务态度好、服务质量高的，工资要高，不好的要批评教育，不改正的还可以淘汰，这样就搞上去了。”

那时的黄山景区，除了行政接待之外，还处在封闭状态，只有自发前来观光的游人，每天上山的才几十个人，门票价格是 5 毛钱；小平同志曾入住过的北海宾馆，当时一年的利润是 5000 元。“不仅黄山旅游没有什么收入，管理服务的水平也很低，小平同志的批评击中了要害。”魏老说。

谈到发展山区经济时，小平同志讲得很到位：“你们的资本就是山。要搞些专业治山队，注意水土保持，遭受破坏的，要想办法修复。老百姓种什么，不要限制，要让老百姓自己做主，自己选择。种茶，种油，种漆，种果，怎么多赚钱就行，不要干涉群众，不要剥削群众就行了。”

当魏心一汇报到山上的物资靠人力运到山上，成本很高，效益低下时，小平同志明确指示：“山上山下可以价格不一样嘛，不要受统一价格的限制，开放就可以搞活。”

魏心一一边回忆一边说，小平理论中的价格思想，最早是在黄山提出来的。我们受当时计划经济思想的束缚，领悟得不够，运用得太迟。

15 日座谈会后的第二天上午，魏心一一早又到小平同志住地。小平同志正在会客厅看文件，见到魏心一进来，就说：“老魏，来坐下。”

魏心一坐下后将徽州文化情况简要向小平同志作汇报，主要反映“文革”期间大量古建筑被毁，很多文物流失，大量的珍贵东西没有了。小平同志叮嘱魏心一：“你讲的这些，要重视保护，注意抢救，能修复的重点修复一些。”

魏老回忆说，看得出来，这位历史伟人对徽州文化是高度肯定的，在思想上非常重视对传统文化的保护和利用。可惜的是，这一部分重要内容，当时没有记录下来，更没有很好传达和宣传，是个遗憾。

7 月 16 日早晨，小平同志离开黄山前还有一两个小时的时候，魏心一提出请他为黄山题词。小平同志欣然应允，写下了“天下名泉”。“这是黄山风景区的无价珍宝。我们应当永远感谢他老人家对黄山的深情厚谊！”魏老说，那时的情景至今回忆起来，依然历历在目。

小平同志离开黄山后，省委、地委开始了黄山加快发展旅游的规划，黄山掀起了发展旅游的热潮。

对于黄山来说，一个伟人的指点，就犹如“撬动地球的支点”，带给了黄山一个崭新的天地，1987 年，一个新的旅游城市诞生了，“以旅游牵头，强农、兴工、尊商、重教。建设以黄山为中心的皖南旅游区”。国务院的批文揭示了黄山市的历史使命。

从 1979 年开始，黄山旅游从“养在深闺人未识”走向全国、走向世界，黄山踏上从“接待型”向旅游经济“市场型”转变的征途。魏心一深情地表示，从那时起，我国现代旅游业从黄山发轫，并推动着徽州这个以传统农林生产为主的典型山区大步迈向现代国际旅游城市。

访谈结束，魏老送我到门口，我祝愿他保重身体、健康长寿。

魏老动情地说：“我在建国之初第一次到徽州做地委书记；在改革开放之初，第二次到徽州再做地委书记，尽管我在省机关时间长，但对黄山的感情更深。去年十一月，我到黄山，看到现在的大建设、大发展、大变化，心里真高兴。”

（载于《徽州社会科学》2009 年第 7 期）

论黄山市率先崛起的优势所在

在制定“十一五”发展规划的过程中，黄山市委、市政府站在新的历史起点上，提出了符合黄山市情、顺应时代发展要求、凝聚人民意愿的发展目标。这就是力争到2010年在全省实现率先崛起，把黄山建成全国同类旅游城市中综合实力最强的城市之一。黄山实现在全省率先崛起，具有哪些优势呢？依笔者所见，黄山实现率先崛起具有五大比较优势。只要充分发挥和运用这些优势，实现率先崛起是完全可能的。

独特的旅游资源优势。黄山是大自然赋予人类的瑰宝，是人与自然天人合一的交流平台。对于黄山来说，坚持科学发展观首先必须要以发展为第一要务。黄山把发展旅游产业作为主导产业，把建设旅游城市作为主攻方向，这是落实科学发展观的必然选择，也是率先崛起不可替代的比较优势。经过多年的发展，黄山的旅游已进入一个鼎盛时期，其旅游产值的比重逐年上升；乡村旅游的开展带来了农村产业结构的深刻变革；旅游产业的发展为农村发展生产拓开了一条新路。旅游业的兴旺为黄山的更大发展带来了坚定的信心和美好的期盼。黄山坚持发展旅游经济且让其成为安徽最大的品牌并朝着省内最大、全国一流、世界知名的目标迈进，一定能实现率先崛起。有关资料显示，1992年以来，世界旅游收入首次超过石油、汽车工业，成为了世界上第一大产业。1996年世界旅游总产值（包括国内旅游收入）已经达到了3.6万亿美元，占世界国内生产总值的10.7%；旅游总投资2660亿美元，占世界总投资的

11.9%，旅游业总税收为6530亿美元，占世界税收总额的10.4%；旅游业就业人数达2.55亿人，占世界总就业人数的1/9，旅游业的发展规模已经在世界经济的发展中占据了相当重要的地位，世界旅游组织曾对未来的国际旅游做出预测，他们认为，2020年全球国际旅游消费收入将达到2万亿美元，国际旅游年均增长率为6.7%，远远高于世界财富年均3%的增长率。黄山发展旅游业方兴未艾，只要狠抓“旅游立市”，站在世界的高度，把黄山打造成“安徽旅游龙头、华东旅游中心、中国旅游名牌、世界旅游胜地”，必将迎来“十一五”的经济腾飞。

博大精深的文化优势。历史的厚爱，老祖宗的垂青，给徽州后人、为黄山现今留下了灿烂的徽州文化。徽州素有“东南邹鲁”、“礼仪之邦”、“文物之海”的美誉。现有地面文物古迹5000多处，人文景观遍及城乡。徽州文化既传承着中华传统文化，是中华传统文化在明清时期的典型代表，又具有自己的地域特色。徽州文化以其卓越的成就著称于世，徽州文化历史遗存无论是物质的还是非物质的均丰厚无比。徽州文化延绵古今，影响远播于海内外，是弥足珍贵的资源和财富。江泽民在2001年视察黄山时，对徽州文化赞美不已，指出“如此灿烂的文化，如此博大精深的文化，一定要世世代代传下去，让她永远立于世界民族文化之林”。

文化是一个城市现代化和综合竞争力的重要标志，经济与文化的互动作用越来越强。经济发展到一定程度，便要以文化论特色，以文化争高低。没有繁荣的文化，就没有真正的现代化，没有足够的文化“软实力”，就谈不上强大的综合竞争力；没有深厚的文化底蕴，没有先进的文化引领，没有文化的创新推动，这个城市就会在竞争中落后、在发展中淘汰。正因为如此，各地区、各城市高度重视打造自己的文化名片，在挖掘、保护、利用和创新特色文化中显示自身的独特魅力。如今黄山的发展已进入一个重要的转折时期，正处在一个新的发展关口。黄山要在新一轮区域发展中实现大跨越、率先崛起，必须依靠经济发展，又靠文化支撑；必须弘扬徽州文化，又创新徽州文化；必须既强“硬实力”，又强“软实力”。

建设文化大市，是黄山市建设三个大市的目标之一。黄山市高度重视徽州文化这一优势。近年来，在构建文化大市的总体规划之中，黄山人在徽州文化的研究、保护、创新和开发利用等方面，都取得了显著成绩，徽州学研究取得了一大批成果，文化事业突飞猛进地发展，文化产业如异军突起。可以看出，徽州文化资源正在努力转化为经济发展的增长动力和智力支持，徽州文化精华正成为社会主义精神文明建设的丰富营养，成为富民强市、全面奔小康的凝聚力和向心力。

优美的生态环境优势。优美的自然和生态环境是黄山独特的比较优势。我们常说，既要金山银山，更要绿水青山，这就是黄山的生动写照。随着科学发展观的落实和人人对和谐自然的日益追求，黄山越发奠定了她在世人心目中的地位和价值。黄山提出“全国最美、山区最富、生态最佳”的三最目标，这是对黄山现实与未来发展的思考与定位，是黄山率先崛起的又一品牌优势。

黄山境内，群峰竞秀，绿水环绕，林木葱郁，山脉和河川盆地相间围合，田园风光迷人，呈现出人间仙境的美丽景象，优美的自然风光享誉全球。这里“八山半水半分田，一分道路和庄园”，徽派古民居依山傍水，成为“中国画里的乡村”，是人与自然和谐发展、最适宜人居的现代化山水生态旅游胜地。黄山市境内，森林覆盖率达到78%，自然分布的植物有3000多种，许多名木古树、花卉药材和濒危、珍稀物种，经济价值和科研观光价值都很高。黄山是动物的乐园，有各类动物550多种（类），如此丰富的生态资源，是十分难得的。

黄山历届市委和政府本着对历史负责、对未来负责、对子孙负责、对黄山走向世界负责的精神，坚持开发与保护并重，坚持原生态追求，坚持走生产发展、生活富裕、生态良好的可持续发展道路，努力从四个方面下功夫：一是加快发展生态经济，推行节约、环保、高效的经济增长方式，实现经济快速协调健康发展；二是开展环境保护和生态建设，在发展中解决好资源和生态环境问题，打造生态环境优势；三是提高人民群众的生活水平，创造一流的生活环境与工作环境；四是推进生态文化建设，在全社会营造爱护环境、保护环境、建设环境的良好氛围。

东向发展的区位优势。我省在中部崛起战略的背景下，积极推行东向发展战略，加速融入“长三角”，正是适应区域经济增长格局的新变化，在中部崛起中发挥区位优势的必然选择。黄山毗邻浙江，紧靠“长三角”地区，在东向发展战略中，区位优势十分明显。

黄山与“长三角”地区具有悠久而又密切的历史联系、人文联系和经济联系。早在明清时期，徽商主要活动于苏浙一带，杭州、苏州、上海、扬州、宁波等城市，受徽商影响较广，有的至今还传承着徽商亦儒亦贾的风尚，“长三角”地区一些城市的兴起，在很多方面得力于徽商的经营。可以说，黄山与“长三角”地相连、水相通、习相近、人相亲。黄山与长三角地区的地缘、亲缘、商缘、文缘是这区位优势的突出表现。

过去，由于关山阻隔、交通闭塞，黄山拉大了与“长三角”地区的发展差距。近几年，随着徽杭、合铜黄等高速公路的开通和兴建，黄山与“长三角”地区的时空距离大大缩短，黄山市提出把黄山建成“长三角”地区的后花园，将上海名城、杭州名湖、黄山名山连成无障碍旅游线，东向发展的区位优势更加显现。经过多年的改革与发展，如今，“长三角”地区经济发展已跃上一个新的平台。随着产业结构的大升级和产业梯度的大转移，该地区受土地、能源、劳动力等生产要素的制约，企业急需向外寻求新的发展空间，资本、技术、人才纷纷向内地转移。省委省政府审时度势，不失时机地作出了融入长三角、在中部奋力崛起的战略决策，黄山市及时把握这一机遇，提出加快融入浙江经济带和“长三角”经济圈，并且不断推出“招商引资年”、“加快融入年”、“对外开放年”等活动，敞开胸怀，主动迎接“长三角”的带动和辐射。“长三角”地区看好黄山的区位优势，看好黄山的旅游、生态、文化、能源、物产和劳动力、环境等有利条件，纷纷投资、上项目。黄山获得了“浙商最佳投资城市”、“公众最向往的中国城市”等多项殊荣，这些都反映黄山进入了一个更快更好的发展机遇期。

奋力赶超的竞争优势。古徽州地区历史悠久，文化底蕴深厚，徽骆驼成为一种负重奋进、不懈追求的精神象征。这应该说是长处和优势。但从另一个角度去审视，我们感到传统也容易束缚人的思想和观念，一味欣赏历史、依赖传统，也容易使人丧失创新与进取之心。悠久的历史不能成为包袱，厚重的传统不能成为思想障碍。要看到，故步自封、中庸之道、小农意识、小富即安的思想容易禁锢人们的开放意识和竞争观念。市场经济其实就是竞争经济，敢于创新才有出路，爱拼才能赢。实事求是地讲，当代徽州人在这一点上，不少人习惯安于现状，缺少敢于竞争的浓烈氛围，太依赖于老祖宗的传承和大自然的恩赐。针对这一不足，近几年，全市上下不断开展解放思想、转变观念的大讨论，营造发展是第一要务的大好环境，鼓励竞争创业。现在全市已形成一种众志成城、奋发有为、率先崛起的氛围，全民创业如春潮涌动，徽商、徽骆驼精神焕发出蓬勃的生机，竞争拼搏、加快发展成你追我赶之势。在黄山发展工业，过去是谈虎色变，如今以旅游经济为中心、以工业经济为支撑的发展思路正在成为全民共识，家喻户晓，工业项目和工业增长一路高歌。区域经济发展似百舸争流，不进则退；市委市政府在谋划发展中，要求全市上下奋力落实、聚焦、突破。未来5年将是黄山增强实力、加大竞争力、激发活力、彰显魅力、率先崛起的关键时期。

今年是黄山市“十一五”规划的开局之年，我们只有紧紧地把握和发挥好黄山市自身的这五大优势，在科学发展观指导下，才能实现黄山市的率先崛起，促进黄山市的跨越式大发展。

（发表于《徽州社会科学》2006 年第 4 期）

伟人嘱托化动力　三次创业铸辉煌

1979年7月，我国改革开放的总设计师邓小平同志以75岁高龄健步登上黄山，以世纪伟人的深邃眼光和战略思维，发表了著名的“黄山谈话”。30年来，在小平同志讲话精神的指引下，黄山开启了大开放、大发展的征程；30年来，黄山人民时刻牢记伟人的嘱托，掀起三次创业高潮。黄山已今非昔比，发生了翻天覆地的变化，创造了令世人艳羡的伟大辉煌。

一、打响黄山牌，旅游经济大发展

在神奇的北纬30度线上，地球上有很多著名的奇异坐标。奇幻绝伦的中国黄山，就是这条神奇线上的世界文化遗产。黄山集天下名山之长，泰山之雄伟、华山之险峻、衡山之烟云、庐山之飞瀑、雁荡山之巧石、峨眉山之清凉，黄山无不兼而有之。明代大旅行家徐霞客曾先后两次登临黄山，发出“薄海内外无如徽之黄山，登黄山天下无山，观止矣”的千古赞叹。后人将这句话归纳为“五岳归来不看山，黄山归来不看岳”。黄山与黄河、长江、长城一样，成为中华伟大民族的象征、中国的骄傲。在长期的农耕时代以及计划经济的封闭状态下，旅游对人们来说未形成一种时尚，旅游经济也难以引起重视，黄山这块珍宝，是“养在深闺人未识”，它的无限价值没有得到开发。伟人邓小平见识超人，看到了发达国家发展旅游的态势，看到了旅游经济在综合国力中的分量，提出中国要从旅游资源大国走向旅游经济大国。在党的十一届三中全会召开后的半年多时间里，邓小平同志五次谈到发展旅游经济问题。小平同志高瞻远瞩，对黄山发展旅游格外看好。在来黄山之前的1979年1月17日与国家领导人谈“发展旅游事业，增加国家收入”的问题时指出：“泰国人只知道有个杭州，其实黄山的风景好得很。”仅有这样的宣传还是不够，于是，1979年7月，邓小平同志亲临视察，以75岁高龄，健步登上黄山，远眺那奇峰交错、云海翻腾、如诗如画的美景，发出了振聋发聩的号令“黄山是发展旅游的好地方，是你们发财的地方”，“要有点雄心壮志，把黄山的牌子打出去”。伟人的黄山之行，不仅指明了黄山的发展方向，更吹响了中国发展旅游业的进军号角。4个月后，国务院批准国家旅游局《关于大力发展旅游事业若干问题的报告》下发，一股大力发展旅游的热潮在中国大地涌动。黄山人民更是把伟人的亲切关怀化为巨大的精神动力，开启了黄山加快发展的新征程。

邓小平这位改革开放的总设计师为黄山壮行极大地推动着旅游经济的大发展。黄山人在兴办旅游事业的过程中，切身感受到只有大发展才是硬道理，只有大开放才有前途。为了扩大黄山的知名度，国务院于1987年批准撤销徽州地区，改设黄山市，向世人亮出黄山这张魅力无穷的名片，打出旅游这张独具特色的身份证。黄山确立旅游立市，以旅游作为强市富民的战略目标是落实伟人嘱托，加快黄山发展的重大举措。30年来，黄山发展实践无不印证了伟人思想光辉熠熠闪耀，无不推动着黄山美誉度、知名度的不断提升。如今黄山集世界文化遗产、世界自然遗产和世界地质公园于一身，成为声名远播的世界名山。黄山风景区接待游客由1979年不足10万人，现已增长到230多万人。2008年，全市接待海内外旅游者1801.3万人次，在1979年基础上增长210.9倍，旅游总收入达140.9亿元，黄山旅游业实现了从无到有、从小到大的历史性大发展。

二、打响黄山牌，推动文化大繁荣

纵观世界旅游发展趋势，旅游需求更多地转向对旅游目的地历史文化的探索和体验，文化旅游日益成为新的追求。黄山人在落实伟人嘱托，打响黄山牌的过程中，深刻认识到做好徽文章是打响黄山牌的必然举措。黄山市确立以旅游市场为导向，以徽州文化资源为基础，以建设旅游大市、文化大市、生态大市为目标，成为第二次创业的鲜明主题。

文化是旅游的灵魂，旅游是文化的载体。旅游因文化而提升品位，文化因旅游而扩大影响力，文化与旅游的深度结合是黄山提高发展水平、提高市场竞争力、形成比较优势的必然选择。旅游生产力的核心要素是旅游吸引力，有文化就有吸引力，有文化就有魅力，有文化就有竞争力，发展旅游要有优势文化作支撑。

现今黄山市，古为徽州府。千百年来，得山水之灵气，集天地之大观，以文风昌盛，才俊辈出而著称于世。徽州文化发轫于秦初，崛起于南宋，兴盛于明清，博大精深，源远流长，极具鲜明的地域特色，特别是明清两代徽商的崛起，更是促进了徽文化的发展。新安理学、新安画派、新安医学、徽派朴学、徽派建筑、徽派篆刻、徽派版画、徽州三雕以及徽剧、徽菜、徽墨、歙砚等，无不独树一帜。灿若繁星的历史文化遗存中，有世界文化遗产2处、国家级历史文化名城1处、历史文化保护街区1处、历史文化名镇1处、历史文化名村8处、各级文物保护单位415处、拥有古建筑13438处、馆藏文物15万件，拥有国家级非物质文化遗产15项、省级24项，尚存的徽州文书达50多万件。历史上以才入仕、以文垂世者不乏其人，涌现出朱熹、戴震、王茂荫、胡雪岩、陶行知、黄宾虹、胡适等旗帜型人物。徽学与藏学、敦煌学比肩而立，竞相辉映，成为具有世界影响的中国三大区域文化之一。

2001年5月，江泽民书记考察徽州文化，高度评价：“如此灿烂的文化，如此博大精深的文化，要让它传下去，子子孙孙传下去，让它永远屹立于世界民族文化之林。”总书记的亲切关怀和深情厚爱，掀起了黄山第二次创业的新热潮。“打响黄山牌，做好徽文章”成为全市上下高奏的主旋律。黄山人一方面加强黄山风景区的规划、建设、开发和管理力度；一方面保护、开发和新建一批批能体现徽文化底蕴的景区、景点，从而形成了“山上看风景，山下赏文化”，自然景观和人文景观竞相辉映的新格局。

文化与旅游的深度结合，将徽文化元素渗透到旅游的“吃、住、行、游、购、娱”各环节中，成为黄山市文化建设的一大特色。这些年来，黄山市推出的徽文化专项产品和徽文化旅游线路占全市旅游产品和线路总量的70%以上。依托徽文化元素开发的旅游景区景点日渐增多。黄山人从成功的实践中体会到：旅游地要提高自身的吸引力，就必须在文化上下功夫，加大文化的开发力度，为旅游者提供具有鲜明文化特色的旅游产品。如今，风光旅游与文化体验，自然与人文交相辉映，城市文化与乡村文化互动，历史传统与时代精神结合，物质文明与精神文明并重，文化事业与文化产业并举的大繁荣景象已遍布黄山大地。

三、打响黄山牌，阔步迈向国际化

遵循伟人的嘱托，打响黄山牌，黄山取得了骄人的业绩。历经多年的精心打造，黄山已拥有联合国颁发的世界级桂冠3项、国家级桂冠9大类114项，先后荣获中国优秀旅游城市、中国魅力城市、著名国际旅游城市、全国旅游重点城市、浙商（省外）最佳投资城市、国家园林城市、全国社会治安综合治理优秀城市和中国节水城市等众多殊荣，并跻身中国旅游竞争力20强城市。这些响亮的品牌既是提升城市形象的宝贵资源，也是走向国际的“金字招牌”。

成绩属于过去，辉煌在于有更大的创造。勤劳智慧的黄山人回想过去，立足当前，放眼未来，总是以更深邃的眼光、更坚定的信念、更豪迈的心态，拉高标杆，朝着更大的目标迈进。黄山市委、市政府审时度势，把握机遇，掀起旅游国际化的第三次创业高潮。省委提出：黄山要建成“安徽旅游龙头，华东旅游中心，中国旅游名牌，世界旅游胜地”。市委、市政府先后制定出台了《黄山市旅游发展总体规划》、《关于加快黄山旅游国际化的决定》和《掀起黄山旅游发展第三次高潮的决定》等政策性文件。在推进旅游国际化的进程中，“让黄山走向世界，让世界拥抱黄山”成为全市上下的共同愿望。

一个城市的又好又快发展，离不开科学准确的战略定位。一个城市的战略定位正确与否，主要看三个方面：一是城市定位能否提高特质资源的价值；二是能否提高城市可持续发展能力；三是能否提高城市的核心竞争力。黄山市依据自身的特质文化、特质资源优势、特质资源辐射力等条件，提出建设“现代国际旅游城市”的目标，这是符合科学发展观的要求、符合黄山实际、符合黄山人民愿望的战略目标。一个城市科学合理的定位，是城市魅力和吸引力的体现，是城市价值品位和精神力量的提升，是城市发展动力和美好理想的追求。黄山市确立现代国际旅游城市的战略定位，使所有特质资源达到功能的最大化、最优化和集成化。

“国际化”虽不是一蹴而就的事，尽管还有很长的路要走，还有大量工作要做，但黄山这些年的发展已经奠定了很好的基础。在大开放、大发展的推动下，黄山市坚持以“节”为“媒”，先后举办和承办十三届中国黄山国际旅游节和徽文化节、第六届中国国际民间艺术节、第三十四届环球洲际小姐总决赛、国际山地自行车赛、第三届中国徽商大会等一系列国际重大活动；“同一首歌”走进黄山，“江山如此多娇”直播黄山，《让世界了解你》黄山专辑和《徽商》文化等系列片活动的推出，不断扩大了黄山的国际影响，为提升国际化水平，旅游管理、旅游服务的现代化、数字化、人文化不断扩展新业态，黄山日渐受到海外游客的青睐。在国际化的进程中，“请进来，走出去”，达到了互动合作、实现双赢的良好效果。2007年3月27日，在俄罗斯出席“中国文化节”活动的胡锦涛主席，向俄罗斯总统普京赠送国礼茶，由黄山毛峰、太平猴魁、黄山绿牡丹和六安瓜片四款茶品组成。胡锦涛向外国总统宣传介绍说：“这些都是我从小喝的茶。”黄山市与世界上几十个国家和地区的城市建立了友好关系或签订了友好合作协议。坐落在黄山市的黄山学院积极融入地方、服务地方，以自身的优势和条件参与国际化办学，先后与10多个国家和地区的高校建立合作关系，老师互访、学生互派、学术互动的路子越走越宽广。特别是支撑现代国际旅游城市建设目标的“十大工程”，正如火如荼地快速推进，黄山正发生着波澜壮阔的变化。

在纪念小平同志“黄山谈话”发表30周年的日子里，为缅怀小平同志为我国旅游业发展所作出的卓越贡献，为重温小平同志关于发展旅游业的主要思想，国家旅游局，中央文献研究室，安徽省委、省政府在黄山市举办纪念邓小平同志“黄山谈话”30周年大会，必将推进旅游业又好又快发展。150万黄山儿女将继续以“黄山谈话”精神为强大动力，黄山将会迸发出更多的神奇，创造出更耀眼的辉煌。

（2009年为黄山市召开“纪念小平同志发表‘黄山谈话’三十周年研讨会”提交的论文）

世界眼光开放视角
交流合作强化特色

——黄山学院参加安徽省高等教育代表团访问韩国总结

应韩国相关高校的邀请，2008 年 10 月 13 日 ~18 日，省教育厅厅长程艺率安徽省高等教育代表团一行 6 人对韩国大学进行了友好访问，省教育厅外事处耿尊芳处长、计财处副处长石金明、黄山学院党委书记汪良发和外事办公室主任胡家俊以及安徽建筑工程学院韩语翻译聂鑫作为成员参加了访问活动。

一、访问主要行程与收获

代表团在韩国前后共 7 天时间，分别访问了韩瑞大学、顺天乡大学、培材大学、加图立上智大学、安东大学等 5 所高校。访问团所到之处，受到了韩方的热烈欢迎和周到细致的接待。访问团参观考察了 5 所学校的校园建设、教学实训场地和设施、学生生活设施和语言培训中心等；进行了多种形式的国际合作交流和项目洽谈并达成广泛的共识；拜见了韩国相关政府机构和官员；接见了我省在韩学习的留学生；出席了韩瑞大学为程艺厅长举办的“程艺号”飞机的命名仪式、名誉教育学博士学位授予仪式和共栽“友谊树”活动；程艺厅长为韩瑞大学师生进行了中国及安徽的教育现状和发展前景演讲，流利的英语，精练诙谐的演讲，博得师生的阵阵掌声；程艺厅长还出席记者招待会，回答了记者的提问，介绍了安徽，宣传了中国。

在对5所学校的参观、考察及访问过程中，访问团着重考察了解各个学校的基本办学情况、个性特点、专业学科设置、学生的培养模式。

韩瑞大学是与安徽省高校交流合作最早、面最广的学校，目前与安徽省近20所学校建立友好学校和交流关系，我省有多所学校派有教师、学生在该校进修学习。合肥学院的“2+2”韩语专业的学生本学期已在该校学习。韩瑞大学与我校已建立友好学校关系，2008年初就“2+2”培养模式达成协议并列入2008年的招生计划，该班现有40名学生在我校旅游学院学习。访问期间，黄山学院主要就中韩“2+2”旅游专业培养问题进行了交流商谈。

顺天乡大学是一所私立大学，与我校建立了友好学校关系，该校徐教一校长2008年初曾来过我校访问，根据双方协议，本学期，我校已派3名交流学生在该校学习，情况很好。该校比较明确地表达出希望与我校扩大交流范围和推进“2+2”联合培养的意向。

培材大学是韩国办学历史较早的一所大学，在国内20多个省市各有一所友好学校，我省是安徽大学。该校有很强的办学实力，愿意在师资的培养和交流方面扩大合作。

上智大学坐落在安东市，是一所教会学校，该校的实验、实训条件较好，培养目标是以强调动手能力为主的应用型职业人才。

安东大学是安东市境内唯一一所直属韩国教育部的综合性大学，已有60年的办学历史，条件和实力较强，安东文化的研究特色明显。目前该校有160余名留学生，安徽省学生只有3名，希望和安徽省高校加强交流合作的意愿强烈。经过比较，该校与黄山学院合作的共同点比较广泛。

二、访问的体会以及给我们的启示

安徽省高等教育代表团访问韩国高校，在省教育厅外事处精心安排下，虽然时间短、行程紧，但内容丰富，务实高效，紧张的访问给我们留下深刻的印象，结合自身的办学来思考，更感觉有许多新的启示和收获。

（一）高等教育国际化是学校发展的必然追求

在人类几千年的文明史上，我国长期处在世界领先地位。作为世界泱泱大国，我国也曾以文明、开放的大国形象自立于世界民族之林。但是，由于明清开始的闭关锁国，不思进取，我国逐渐成为现代工业文明的落伍者。深受闭关锁国之痛的中国人，自 1978 年以来，坚持对外开放，加强与世界各国的交流与合作。伴随着世界经济的全球化浪潮，我国的对外开放步伐也日益加快。“全球化”、“地球村”、“国际化”……这些概念已渗透到我国经济社会生活的各个方面。改革开放的总设计师邓小平同志早在 1983 年就提出教育要“面向世界、面向未来、面向现代化”的战略思想，我们必须以国际化的视角来探讨高校的改革和发展，积极推进高等教育国际化的进程。

高等教育国际化，说到底就是高校要面向世界，要通过学习和借鉴世界教育的先进经验和优秀成果，加快中国高等教育的发展进程，缩短中国教育与世界发达国家教育的差距。伴随着经济社会国际化进程的加快，人才培养、科学研究、社会服务和文化引领等也必须符合世界范围竞争与合作的需要，这是高校发展的必然追求。

我省高校实行对外开放、参与国际合作办学的探索起步较迟，发展较慢。近几年加大了力度，很多高校积极走出去、引进来，努力寻求对外合作办学的路子，取得了实实在在的效果，呈现出一种越来越好的良好态势。此次随程厅长访问韩国，韩国高校对安徽有着特别友好的情感，希望通过这次访问，加大韩国高校与安徽高校在宽领域多层次开展合作交流。在出访行程中，原计划没有到安东大学。安东大学作为公办大学，有很强的办学实力，在中国有很多合作院校，但在我省是空白点。安东大学校长得知我们在韩国访问，通过多方联系，盼望能去该校。在此情形下，程厅长调整行程，访问了安东大学，商谈了很多的合作意向。

韩国高校的国际化程度较高，访问的5所大学都已与世界上的不少高校建立了交流和合作关系，都拥有一定数量的留学生和外国进修教师。教师中有国外学习经历的人占有相当的比重，每年都尽可能安排教师交流访问。每所学校都设有专门负责国际合作交流的工作机构和设施相当优越的留学生公寓和语言培训中心，学科专业设置与培养模式与国际接轨方面走在前列。

韩国重视与中国高校的校际交流合作的关系。5所学校都与中国的若干个大学建立友好关系并且有经常性的互访活动，都有中国的学生和教师在留学进修。从访问情况看，我省高校只要进一步解放思想，积极寻求交流与合作的路子，对外办学一定会有更加美好的前景。

（二）重视更新办学理念，创新办学思路，凝练办学特色

风景秀丽的9.9万平方公里土地养育着勤劳智慧的4800多万韩国人民。众所周知，韩国的资源并不富裕。然而，经过几十年的励精图治，韩国进入经济发达国家行列。人们会追寻诸多内因，其中，高度重视教育可谓兴国之关键。高等教育被视为韩国经济腾飞的翅膀。韩国高等教育毛入学率达到60%，从1995年起就已经步入高等教育普及化阶段。

这些年，韩国高校进行了大幅度改革，各高校都把更新办学理念、创新办学思路，凝练办学特色作为重点追求。从我们访问的5所学校看，有以下一些值得借鉴的东西：

一是有明确的办学目标，确定好自己的位置，并安于本位，适应社会需要，发挥自己的优势。

我们访问的5所大学，他们的办学规模都不大，校园也不大，但建设得很精致，布局很合理。如韩瑞大学的重点在艺术与航天航空应用人才的培养，形成了自己的品牌；顺天乡大学重点发展医疗学科，办学实力很强，综合指标排名在韩国逐年靠前；上智大学以培养应用人才为目标，很多项目在全国成为唯一。

二是有科学得力的治校措施，建立各种规章制度，善于抓学科建设、师资队伍建设和装备建设。

三是有现代化的教学设施，用教育信息化建设带动教育现代化。学校有充足的计算机房、语音多媒体教室，实施网络化、信息化管理。

四是有优美的校园环境。不能树木何以树人，连校园环境也管不好，如何能管好一所大学。访问的几所大学，都重视学校的选址，有绝好的建筑风水，学校三面环山，负阴而抱阳，绿树成荫，青翠欲滴；不管是室内还是室外，干净整洁并且看不到垃圾桶和保洁人员，看得出来，学校很重视大学生的养成教育，注重环境、氛围的陶冶和浸染作用。

五是有稳定充足的经济资源。在韩国，不管是公立大学还是私立大学，都有争取教育经费的多种渠道，善于充分利用学校的智力资源、地域资源和人才资源，提高办学效益，增加经济收入，改善办学条件，改善教职工待遇。

六是在质量、特色上下功夫，有正确的质量观和人才观，各个学校有规范的质量标准，每所学校有自己的特色，面向社会，自我发展，不断追求卓越。

（三）重视文化的引领和导向作用

中韩两国一衣带水，具有悠久的历史和文化渊源，教育文化更是源远流长。韩国完整地保存了儒家精神文化传统，孔子提出的“和而不同”的多元文化观在韩国体现得很充分。安东市的市长在午餐会上，积极宣传安东的地域文化。安东市的国学振兴博物馆，保存了大量中国的儒家经典，安东被称为精神文化之都，名副其实。

一所大学深层次的内涵是文化和精神。大学文化和大学精神对一所高校有很强的引领和导向作用，在学校的显要位置，刻有校训内容。学校的名师，为社会培养的名人都有塑像，学校还建起了博物馆，给人感受文化的内涵很深厚。培材大学以100多年办学历史作为文化精神资源，给师生以熏染作用。在韩瑞大学举行的记者招待会上，有记者尖锐地问到了程厅长，中国在其他国家办了很多孔子学院，是不是在全球推行中国儒教?程厅长机敏睿智地回答，中国在外国设孔子学院是为了让世界了解中国，让中国走向世界。这种文化交流有利于文化的多样发展。在加图立上智大学，我们出席了该校晚上的大型校园文化节，程厅长发表了热情洋溢的祝辞，安徽留学生的黄梅戏唱响在韩国大学的夜空，这就是一种文化交流。

（四）韩国大学有充分的办学自主权

韩国的高校办学模式多样化，与学校拥有充分的自主权是分不开的。学校设立董事会，董事会有权决定学校的一切重大问题，校长对董事会负责，执掌学校日常工作。学校在招生、收费标准、学科设置、教职工评聘、基建项目、经费筹措与使用等重大问题上，都可以自行研究决定。权力与责任是统一的。所以，每一所大学都有很大的压力和竞争性，谁也不愿懈怠，谁也不敢落后，这样，学校就始终有旺盛的进取精神和活力。

（五）一切为了学生的人本思想受到重视

在韩国访问的几所大学，高度重视学生的主体地位。在教育、管理、服务中能做到一切为了学生，为了一切学生，为了学生的一切。学生公寓中，有健身房、网络室、心理室、医疗室、洗衣房、小卖部等服务设施，基本能满足学生的需求。在学生培养上，充分重视学生的个性发展，因材施教，着力培养学生的创新思维和应用能力。学生学习比较主动、自觉。在学生管理上，充分发挥学生组织的自治作用，学生组织在学生中有比较高的权威和决策作用。校园文化活动丰富多彩，开展各项活动也有充足的经费。这些方面，值得我们重视、研究，寻求办法。

（2008年在铜陵学院召开的“全省新建本科院校研讨会”上的交流论文）

至爱给学校　真情为事业

——来黄山学院三年的所思所感

三年前，我服从省委决定，来到黄山学院任职党委书记，成为这所新升本学校的掌门人。对于徽州，我只是从书刊和电视上有一些肤浅的了解。在这以前，从未涉足徽州这片土地。过去，曾经想过，能有机会到黄山做一次匆匆游客，余心向往久之的愿望可以实现。可万万没有想到，不来则已，既来就不要想走，必须在此安家落户，并且长期致力于黄山学院的建设与发展。在安庆师院欢送我的座谈会上，我有过“此去前路无知己，每遇难事可问谁”的感叹。三年后，我的感受和心情发生了很大变化，在今年四月份的领导述职会上，我表达过“天涯何处无芳草，黄山处处有亲人”的感慨。2003 年 7 月 3 日，我来到黄山学院报到，在就职大会上我说过：“我的经历较简单明了，前面大半辈子的开头在安庆，后半辈子的结尾在徽州，如此说来，我算是彻头彻尾的安徽人。今后，我将像热爱安庆一样热爱徽州、热爱黄山学院，真情投入这里的事业并努力为之奋斗。”

来到学校后，我抓紧时间深入到干部、教师中熟悉情况，摸清校情，听取大家对学校发展和建设的意见。在广泛熟悉情况的过程中，我感到，黄山这块美丽神奇的土地，且不说自然景色美丽，风光旖旎，单从人文基础看，徽州文化博大精深，这里文风昌盛，儒风独茂，历代名人辈出，尊儒重教蔚然成风。黄山学院作为古徽州大地上唯一的本科高校，经过几代人的努力，实现了从徽州师专到黄山高专再到黄山学院的三大历史性跨越，发展的基础很好。但作为一所刚刚升格的新建本科高校，既有着很多发展机遇，也面临严峻的挑战，既有无限的生机和活力，也有着激烈的竞争压力。我作为新到任的主要负责人，深感肩头的使命之重和责任之大。黄山是世界级品牌，是安徽的形象，用黄山冠名的黄山学院应与黄山这个金光耀眼、遐迩闻名的名字相媲美，把黄山学院办好、办出特色、办成知名品牌，必须成为黄山学院人的执著追求。

开展工作千头万绪，从何着手？党委经过认真分析研究，决定从开展转变教育思想观念大讨论入手，让全体黄山学院人认真思考、积极谋划“办什么样的黄山学院”和“怎样办好黄山学院”。观念决定思路，思路决定出路。经过为期三个月的全校大讨论，逐渐理清了学校工作思路。经过三年来的实践，现在进行总结，可以概括为“一、二、三、四、五”，即突出一个要务、实施两个大纲、确立三步发展战略、打造四大工程、抓住五个着力点。

突出一个要务。就是要加快发展，发展是解决黄山学院所有问题的第一要务。三年来，紧紧抓住发展不放松，黄山学院的原始资本积累很快，基础条件薄弱的状况得到很大改观。

三年来主要数据变化状况

主要指标	2003 年 6 月	2006 年 9 月
土地面积	850 亩	1800 亩
校舍面积	13 万平方米	31 万平方米
仪器设备值	2100 万元	3600 万元
图书	47.7 万册	61 万册
全日制在校生数	6000 人	12000 人
经费收入	3800 万元	7000 万元
学科专业	30 个（其中本科 10 个）	54 个（其中本科 29 个）
专职教师	339 人	515 人

实施两个大纲。就是以把本科办像办合格为纲，以教育部教学工作水平评估指标体系为纲。依据这两个大纲，做到纲举目张。坚持以教学为中心，规范教学行为，实现由专科到本科的全方位转变。

确立三步走发展战略。第一步，用四年左右的时间，苦练内功，夯实基础，到2008年通过教育部本科教学工作水平评估；第二步，在实现第一步的基础上，再经过四年左右的时间，争取突破硕士学位点，建设一批有影响的重点和优势学科，不断提升内涵，提高质量，强化特色，在全省同类院校中位居前列；第三步，在实现前两步发展目标的基础上，再经过若干年的努力，将黄山学院做大做强，争取办成综合性黄山大学。

精心打造四大工程。一是人才工程。人才是办学的根本，师资队伍是学校的核心竞争力。三年来，不断加大在职中青年教师的培养力度，已有90余名教师获得博士、硕士学位，晋升教授10人、副教授39人；出台优惠政策，大力引进高层次人才，近三年共引进教授2人、博士生7人、硕士生130余人。高度重视学科带头人的选拔。目前，有省级学科带头人3人，省级骨干教师4人，校级学科带头人16人，校级骨干教师29人。二是基建工程。加快新校区基本建设，不断改善办学条件，满足教学基本需要，是学校近期重点工作。三年来，完成1000亩校园征地任务，建成各类用房20万平方米，道路、管网、水电、运动场地、绿化等其他基础设施基本配套，一个生态型、人文化、数字化的美丽新校园赢得师生和社会的高度赞誉。三是教学质量工程。教学质量是学校的生命线。三年来，学校把不断提高教学质量作为求生存、求发展的立足点，先后出台一系列规章制度，以评建为抓手，以规范本科教学为重点，教学质量稳步提高，首届本科毕业生考研形势喜人。办学声誉、社会影响越来越好。四是凝聚力工程。通过加强党建和思想政治工作，充分调动广大教职工的积极性和创造力，大家都能凝心聚力谋发展，一心一意干事业。学校领导班子重视自身建设，廉洁务实，为基层做出表率；扩大民主办学，广开渠道，倾听群众心声，充分发挥“五老”作用，用好各方面办学资源。如今，学校呈现一种风正、气顺、和谐稳定的良好氛围。

抓住五个着力点。一是找准办学定位。在科学发展观指导下，明确学校定位。在类型定位上，是教学型高校，同时高度重视科研工作；在学科定位上，坚持综合性，走多学科发展的路子，向专业面更宽、层次更高、服务面更广的方向发展；在办学层次和培养目标定位上，以本科教育为主，在一定时期内适当兼顾专科教育，培养应用型人才；在服务面向定位上，立足黄山，面向安徽，辐射全国；在办学规模定位上，坚持规模、结构、质量、效益相统一，到2008年在校生数控制在12000人左右，到2010年达到15000人。二是形成自己的办学特色。新建本科高校办大、办强受诸多因素制约，但只要精心谋划，扬长避短，彰显个性，能创造出自己的特色、形成独特的优势。在学科建设上，学校立足地方资源，打旅游牌，做徽文章，建生态园，这是我们发展的源头和活力。在科研和高端人才聚集上，充分依托本地资源和诸多有利条件，能够形成人无我有、人有我新、人新我特的优势。这些年，黄山学院在徽州文化研究、旅游人才培养、黄山生态开发等领域已经有了很多买点和卖点。三是强化管理。规范管理、从严治教、依法行政是学校兴旺发达的必然举措。这些年，学校高度重视建章立制，规范办事程序，民主科学决策，提高了工作效率，增加了经济效益，抑制了腐败滋生。四是重视毕业生就业。毕业生就业状况成为衡量学校办学行为的重点指标。毕业生就业出口畅不畅，直接影响到招生进口旺不旺，也反映教学质量是否有保障。这几年，全校上下齐抓毕业生就业工作，我校毕业生就业率连续多年走高，被省厅连续两次评为先进高校，《中国教育报》在头版头条宣传，中央电视台在《新闻联播》中给予报导。五是扩大对外联系。黄山学院所处的地理位置有得天独厚的优势。如何利用这一优势，改变封闭办学的僵化观念，多方面、更主动加强对外联系，走开放办学之路十分重要。这几年，我们积极主动争取教育部、省、市对学校的重视和支持，他们切实帮助学校解决了快速发展中的很多重大事项，学校建设发展有了一个难得的外部环境和有利条件。学校广开渠道积极开拓对外合作办学的路子，已与美国、法国、瑞士、韩国、香港等国家和地区的高校签订合作办学协议，对外办学走出了实质性的步伐。今年，学校接收首批来自三个国家的来华留学生。

回首三年办学历程，只是弹指一挥间。作为亲身参加这所学校建设与发展的见证人，深切地体会到：事非经过不知难。我与班子中其他同志和广大教职工一样，受事业心责任感的驱使，励精图治，负重奋进，一心一意扑在学校工作上，不敢有半点偷懒和懈怠。此时，我想起了江泽民同志在1998年3月两会期间写作的一首诗中的两句："历尽天华成此景，人间万事出艰辛。"现在来看，辛苦没有白费，努力获得了回报。连续三年的领导述职测评，获得很高的评价。在物欲横流、价值取向多元的市场经济时代，每个人都有自己的追求和价值取向。我每当看到学校的变化和发展，就有一种成就感，每当看到学校的一些新气象，总有一种心悦之情，这就是我的价值取向，这就是我的人生追求。

曾付艰辛创基业，而今迈步从头越。总结过去，可欣可慰，展望未来，任重道远。黄山学院在"十一五"期间，发展的重心将从外延和内涵发展并重向以内涵发展为主转变。工作的重点将放在重管理、抓改革、强基础、提质量、上水平、出特色上。经验告诉我们，铺摊子不易，上水平更难。今后，学校发展的难度将会更加增大。管理和改革向深层次推进，学科专业建设有待扛旗帜、领军型的带头人作引领，提升学校内涵和精气神，要有深厚的大学文化作支撑。这些说起来虽不难，但做到绝非易事。我们必须审时度势，锐意进取，在求新求变中克服各种困难，排除各种障碍，不断实现自我超越。我坚信，未来的征程中，不管困难多大，只要爱学校之心常在，学校基业不会变老；无论压力多重，只要真情对待事业，学校能不断创造新的辉煌。爱心能焕发出取之不尽、用之不竭的积极性和创造力，真情能激发出更多更高的工作热情和工作激情。

（收入校关工委主编的《爱满天下》2006 年文集）

爱岗敬业是做好工作的基础

——一位高校老人事工作者的感受和体会

第七次两岸高校人事管理交流研讨会在祖国美丽的宝岛台湾召开。我有幸成为赴台访问团的一员并且参加此次研讨会，感到非常之高兴。往事并不如烟，我虽然离开人事工作岗位已经多年，这次会议和准备论文的过程，引起了我从事人事工作的深情回忆，触动我对人生发展因人事工作而得益的无限怀念。

我是在1977年走上人事工作岗位，此后从干事、副科级秘书、科长、副处长、处长一路走来，到1992年走上校级领导岗位，依依难舍地告别了这一岗位，整整15年。这15年是我人生最宝贵的年华，更是我人生发展的重要阶段。人事工作岗位促进了我的成长和发展，人事工作经历促进了我不断成熟与提高。现在回首过去，自然难以忘怀。

一

1977年招生制度改革后，安庆师范学院在原安庆师范学校的基础上发展为本科院校，学校工作千头万绪，人的问题尤为重要。我被选调入人事工作岗位。高校担负着培养人才的重任，无论是工作主体还是培养对象，都离不开“人”。因此，必须坚持以人为本的核心要求，切实尊重和体现教师的办学主体地位，充分激发和调动教职员工的积极性、主动性和创造性。面对繁重的人事工作，我深知做好这项工作，最基本的要求就是爱岗敬业。爱岗敬业，从心理上说，是一种精神状态，是一种事业追求；从行为上说，是履行职责的态度，是乐于奉献的表达方式；从价值取向上说，是一种理想追求，是尊知重才的大爱精神。伟大的人民教育家陶行知提出“爱满天下”，这是他毕生奋斗成就伟大的总纲和动力。高尔基讲过：“热爱是最好的老师。”做任何一件事，热爱是基础，是一种不竭的动力。温家宝总理在大学视察时讲到“爱是一切道德的基础”，“只有对国家和人民爱得深，才能对国家和人民有强烈的责任心，才会有献身的精神”。

怀着这种爱学校、爱人才、爱事业的思想，我全身心投入到选调优秀教师和落实知识分子政策的工作中去。经过不到半年的时间，安庆师范学院从全省各地选调一批优秀人才，学校师资队伍得到充实和提高，保证了办本科的教学需要。有一次，我从省高等教育主管行政部门提供的推荐名单中，发现一位尚在基层农场工作的外语人才，便从合肥冒着雨雪直接赶到农场总部，调阅其本人档案。从档案材料看，他 1957 年考入上海外国语学院学习了 4 年，专业水平很强，确实条件很好。慎重起见我想见一下本人，但当时交通条件很差，必须步行 10 多公里才能到下面的分场。我顾不得疲劳和路滑，在天黑前找到了他，他正在工棚里点着小油灯看外语书和针灸医学书。我说明了来意，他很激动，盼望能早日为安庆师范学院的外语教学作贡献。不久，他被正式录用到安庆师范学院外语系任教。多年来，他的英语教学特别优秀，深得师生好评。在落实知识分子政策的工作中，我大量阅看人事档案，提出落实政策的意见和依据。从很多档案卷宗的文字中，我看到了知识分子爱党、爱国、爱事业的执著情怀，即使他们在基层艰苦条件下工作，但仍然无怨无悔，信念如初。这样的工作经历，是净化自我心灵、提升做人品质、增强大爱思想的过程。

二

爱岗敬业体现在人事管理工作中，最主要的是要做到勤业与精业。古人云：“业精于勤荒于嬉，行成于思毁于随。”我刚到人事岗位，人手少，任务繁重，工作头绪多，承担着人事调配、劳动工资、职称评聘等几个方面的具体事务。做好这些工作必须投入足够的时间和精力，深入钻研。我不分昼夜地一心扑在工作上，一方面深入学习研究人事工作的政策、法规和制度，一方面熟悉掌握全校教职员工的基本情况、专业特长、个性特点、家庭背景以及发展潜能等。这样，工作起来就能家底清楚，胸中有数。有一天，在中午下班前，接到省人事厅的电话通知，要为下放过、上过大学、工资较低的人员增长一级工资，必须在次日上午审批结束。我根据省人事厅提出的条件，不需查阅资料，一气呵成，准确无误地将符合条件的47人的增资方案第一个报到了省厅。在学校里，凡涉及与人有关的问题，我知道的最多。所以，我当时被学校称为“人事工作的活字典”。

人事工作有着很强的政策性、原则性和利益性，备受教职员工关注。做好这项工作，来不得半点随意、马虎和弄虚作假，需要的是严谨、准确和细致。我在人事工作岗位上，经过多年的摸索和积累，总结出如下三个“经得起检验”的体会：

一是经得起政策的检验。人事工作的政策、法规、制度办法很多，每个人都有自己的利益诉求，人事工作服务教职工必须遵循政策和制度法规，绝不允许有违背政策规定的变通，符合政策规定的要积极去办，不符合政策规定的要坚决抵制，做不到的要解释清楚。

二是经得起群众的检验。人事，就是用人以治事。人事工作要着眼于学校的发展，服务于教职员工。做什么、怎么做、做得怎么样，群众是最好的老师，群众是最高评判者，群众最有发言权。对于人事工作的重大问题、重大决策，我习惯采用各种方式来听取群众意见，坚持从群众中来，再到群众中去。征求和听取意见的过程，实际上就是统一思想、集思广益、形成共识的过程。

三是经得起历史的检验。做人事工作既要瞻前，又要顾后。很多人事问题，随着时间的推移和政策的调整，操作的结果很不一样。对于那些时过境迁、事过境迁的人和事，一定要把问题提到一定的历史范围之内，让历史作裁决。处理这样的问题，档案资料的留存和保管很重要，原始文字和档案资料是最起作用的东西。多年的工作积累，培养了我保存档案、保存资料的习惯。

人事工作的爱岗敬业，还必须严守纪律、严格保密、廉洁自律。人事工作的纪律性要求高、保密性强，自我约束不能放松。在市场经济条件下，有些人总想在政策和制度规定外，走通融、违规之路，人事干部手上也确实掌握一定的实权，经常遇到一些人的托请或要求照顾。遇到这种情况，是出于对学校事业的大爱坚决抵制，还是贪一己小利的私爱而违规操作，这是考验。人事干部只有做到两袖清风，才能一身正气，绝不可拿原则做交易。要认识到岗位就是责任，管理就是为组织把关，替学校尽责。

三

而今，我离开人事工作岗位已经 17 年，但此前在人事工作岗位 15 年的历练、积累，为我以后的人生和工作奠定了厚实的基础，练就了基本的素质，至今受益无穷。1992 年，我到学校领导岗位工作，主要分管学生和宣传工作。爱岗敬业体现在工作上，就是要以人为本，牢固树立“一切为了学生、为了一切学生、为了学生一切”的工作理念。培养什么人、怎样培养人的问题是爱岗敬业的本质要求。我在学生管理上，强调以育为主，以最负责的博大爱心来培育和引导学生积极向上、形成好的学风、注重自身发展、自觉成人成才，取得很好的效果。

2003年，我服从组织的安排，到黄山学院担任主要领导职务。一个人不管职务怎样变动，爱岗敬业的要求不能放松，只能愈来愈强。

到黄山学院后，我在充分调研的基础上，提出着力打造好四大工程，即：人才工程、教学质量工程、基本建设工程、凝聚力工程。其中，人才工程最为核心，这是强校的战略，是发展的根本，正如邓小平所言，“大陆的事情能不能办好，社会主义和改革开放能不能坚持，经济能不能快一点发展起来，关键在人”。为实施人才工程，学校出台了一系列的政策规定，培养、引进、稳定各类人才，给高职称、高学历人员发放特殊津贴，大批选送青年人才外出进修、访学或攻读高学位，激励教师搞科研、争项目。为引进人才建造“双高”别墅和高知楼，为人才发挥作用，提供各种条件和支持。在别墅楼分配时，学校给我安排了一幢位置较好的住房，后来从东北引进的夫妇教授想要这幢房子，我主动让出，只要能引得一对教授进校，我何乐而不为。在我刚到学校时，具有硕士学位的人员不多。如今，博士研究生已有40多位，硕士研究生占到教师总数的55%，人才工程取得了突破性的实效。2005年，我为学校关工委写过一篇《真情给事业，至爱为学校》的文章，谈到：一个人无论在什么岗位上，能够努力把职业做成事业，哪怕事业还远未成功和辉煌，便也是一种幸福，一种收获。

最后，我想用艾青的诗句来表达我内心的深切感受：

为什么我的眼里常含泪水，
因为我对这片土地爱得深沉……

（2009年参加“两岸高校人事研讨会”提交的交流论文）

2003年7月，他离开了自己工作20多年的安庆师范学院，来到了黄山这个陌生的城市，来到升为本科院校不久的黄山学院。带着组织的重托，带着全校师生的期盼，他正式走马上任，成为这所年轻学校的主心骨。当时的黄山学院，基础薄弱，规模偏小，发展不够……面对记者，他坦言自己当时压力很大，遇到的困难也很多……

初冬的一个午后，视线记者带着诸多问题走近了他。

请看视线记者对校党委书记汪良发的专访——

事非经过不知难

——视线记者与书记面对面

视线记者　毛　伟　何星星

“我算是彻头彻尾的安徽人”

“此去前路无知己，每遇难事可问谁？”来黄山学院就职前，汪良发书记在安庆师范学院欢送他的座谈会上的感叹。时间一晃过去了4年多，他的感受和心情发生了很大的变化。面对记者，汪良发书记说了2006年4月他在领导述职会上所说的话：“天涯何处无芳草，黄山处处是亲人。”

“我的经历比较简单明了，前面大半辈子的开头在安庆，后半辈子的结尾在徽州。如此说来，我算是彻头彻尾的安徽人。我会像热爱安庆一样热爱徽州，热爱黄山学院，真情投入这里的事业并努力为之奋斗。”这是汪良发在2003年7月3日来到黄山学院报到后，在就职大会上所说的一番话。

那年，他服从省委决定，来到黄山学院任职党委书记，成为了这所新升本学校的掌门人。作为新到任的主要负责人，他深感肩头的使命之重和责任之大。在这之前，对于徽州，他只是从书刊和电视上有一些肤浅的了解，但从未涉足徽州这片土地。

“过去，我曾想过能有机会到黄山做一次匆匆过客。可万万没有想到，不来则已，既来了就不想走，必须在此安家落户，并且长期致力于黄山学院的建设和发展。”汪良发说。

“抓住机遇，学校就会赢得发展空间”

从2003年下半年开始，学校在新的领导班子带领下，走上了超常规发展道路。在全校转变教育思想观念大讨论的基础上，学校领导班子认真分析了高等教育发展的宏观形势，结合学校实际，抓住机遇筹资建设新校区、申报与地方经济建设和社会发展相适应的新专业……用汪良发书记的话来概括这些奠定黄山学院未来发展基础的举动，则是“能不能抓住机遇，加快发展，是一所学校能不能赢得主动、取得优势的关键所在。错失机遇，学校发展就会受到阻滞；抓住机遇，就能赢得发展空间”。

在国家紧控征地、贷款政策出台之前，以他为班长的学校领导班子带领学校抢抓时间，征用土地开辟校园新区（现在的南校区），同时积极筹措资金建设新校区，积极申报与地方经济建设和社会发展相适应的新专业，努力创造条件扩大办学规模。

如今的黄山学院，相比于2003年6月，校园面积增加了212%，达到1800亩；校舍面积增加了296%，达到30多万平方米；仪器设备值增加了190%，接近5000万元；图书资料增幅达172%，现已达到90余万册；全日制在校学生由原来的5000多人增加到现在的近13000人，增幅达237%；经费收入增幅达237%；学科专业增幅达196%，其中本科专业由原来的6个增加到现在的32个；专任教师增幅达171%，500余人，其中教授、副教授160多人，博士研究生20余人。

一串串数字见证了黄山学院正在发展，一串串数字见证黄山学院正在……“现在，一所生态型、园林化、人文化的新校区已经展现在大家的眼前。我们已经能切身地感受到了校在山中、楼在林中、人在画中的和谐之美，我们要让青年学生在浸润中成长、在感悟中成长。”汪良发书记说，“不过这还需要我们继续精雕细琢。”

“治校兴业，人才为本，治教兴学，唯在得人”

“治校兴业，人才为本，治教兴学，唯在得人。一所高校办的好不好，关键看是否有一支高素质的师资队伍，看是否有一批旗帜型人才。”面对记者，汪良发书记坦言人才对学校来说至关重要。

人才资源是学校发展的第一资源，人才优势是学校发展的最大优势。近年来，我校一直把“人才工程”作为学校的“四大工程”之一，提出不仅要引进人才，更要稳定人才、培养人才。

5 年来，学院的师资队伍不断发展壮大。现已有近百名在职教师获得博士、硕士学位，目前，在国内外高校攻读博士、硕士学位的中青年教师 60 多人，在国内外从事博士后研究的有 2 人。

尽管如此，目前学校仍将继续精心打造“人才工程”，不断建设一支结构合理、素质较高的师资队伍。继续引进硕士、博士研究生，激励在职中青年教师攻读博士、硕士学位。营造人才兴校、质量立校、科研强校的氛围。

“评估既是机遇也是挑战”

在 2003 年 7 月学校新领导班子上任后，围绕“办什么样的黄山学院”和“怎样办好黄山学院”这一主题在全校范围内开展了广泛的讨论。

随着2008年国家教育部本科教学工作水平评估的日益临近，汪良发说："这一难得的机遇，因此我们要牢牢把握，全校上下要进一步统一思想、振奋精神，迎接评估。"面临挑战，……

现在，学校的建设已经由原始积累等基础性工作，逐渐转向学校内涵的建设。新的时期，我们要以党的十七大精神为指导，落实科学发展观，又好又快地发展黄山学院，发展做到好字优先。下一步要着重提高教学质量，着力提升办学内涵，着眼点在提炼办学特色，塑造好的品牌，迎接教育部的本科评估。

他说，升本5年来，学校在增强办学活力、转变教学工作机制上下了功夫，教学以及与教学有关的其他环节都不断规范，也夯实了基础。学院从2005年就搭建起评建平台，用评估指标规范了办学行为，以评估指标促进教学质量的提高，这一措施也取得了实实在在的效果。现在要求我们的教师在教学过程中要更加注重培养学生的实践应用能力，让学生由被动地接受到主动地求学，现在学校对07级学生实行了学分制，就是想提高学生学习的主动性，挖掘学生的潜能。

汪良发同时告诉记者，近年来，学校也在不断地拓宽对外办学路子，利用黄山这一国际旅游城市的牌子，走国际化办学路子。作为新建本科院校，学校要充分利用地方资源，办出自己的个性，提高自己的知名度和影响力。

"我坚信，只要真情对待事业，学校就能不断创造新的辉煌"

"历尽天华成此景，人间万事出艰辛。"回首往事，艰苦办学历程，只是弹指一挥间。作为亲身参加这所学校建设和发展的见证人，他深切地体会到，事非经过不知难。他与其他领导同志、广大教职工一样，受事业心责任感的驱使，励精图治，负重奋进。

"每当我看到学校的发展变化时，就有一种成就感；每当我看到学校的一些新气象时，总有一种喜悦的心情。"他掩饰不住自己内心的喜悦。

汪良发告诉记者，学校将继续按照“三步走”发展战略的要求，精心打造“四大工程”。“曾付艰辛创基业，而今迈步从头越。总结过去，可欣可慰，展望未来，任重道远。经验告诉我们，铺摊子不易，上水平更难。我坚信，未来征程中，不管困难多大，只要爱校之心常在，学校基业不会变老；无论压力多大，只要真情对待事业，学校就能不断创造新的辉煌。”汪良发感慨地说。

“希望学校越办越好，发展越来越快”

2008年即将到来，作为学校的“当家人”，在谈到2008年学校有哪些工作时，汪良发书记说：“2008年，学校将围绕教学评估，进一步规范教学行为，深化改革，转变工作机制，深化内部管理，拓宽对外合作办学道路，高度重视毕业生就业工作。”

面对即将到来的本科评估，学校正在创建和谐校园。但目前在校园里还存在一些不和谐的现象。针对学校存在的管理问题，汪良发说学校将高度重视，加大治理力度。在谈到师生一直很关心的宿舍网线问题，他表示现在正在进行招投标工作，安装到位还需要一段时间，并希望广大师生理解。

针对学校服务学生方面存在的问题，汪良发还告诉记者，目前学校正计划改革用工制度，为同学创造一个良好的学习生活环境，但学生的不文明行为更重要的是要靠学生自己提高自身的素质，维护好学校的环境。

在采访的最后，汪良发书记也传递了他对学校、对全校师生员工的新年祝福，“在新的一年里，我希望学校能越办越好，发展越来越快，顺利地通过评估。也祝愿师生员工在新的一年里事业学业有成、心情舒畅、心想事成！”

（本文载于大学生社团办的《新闻视线》）

后　　记

这本文集付印之前，照通行做法，还得写个后记。说是后记，实则是心记，是心路历程的追忆。

2003 年 7 月，我奉组织之命，从安庆师范学院来到文风馥郁、美丽神奇的黄山工作，成为新升本后的黄山学院第一任掌门人，至今有八年时间。

我出生农村，学历不高，一生与高教结缘，长期从事高校管理工作，逐步走上高校领导岗位。我开头的大半辈子在安庆，出乎意料的是人生收尾会在徽州，历史的机遇让我成为彻头彻尾的安徽人。虽说长期的高校工作实践和磨炼，也积累了不少工作经验和体会，但对新的环境、新的平台、新的任务，我始终感到压力很大，心里不踏实，总觉得欠缺点什么。我时时在想，学校事业像接力赛，我在起跑第一棒，如何跑好跑快这第一棒，至关重要。围绕着办什么样的黄山学院和怎样办好黄山学院以及培养什么样的人、怎样培养人的根本问题，进行着认真的学习、思考和探索。

理论是行动的先导。学得勤，才能方向明；学得深，才能思路清。学习是领导干部增长才干、提高素质的重要途径，是做好工作的重要基础。多年来，我坚持以学习为先，工作为重，不管工作多忙，任务多重，我总要挤出一些时间来看书学习。在物欲横流、价值多元的时代，我觉得一个人把有限的时间多用在读书学习上，可以提升自己的人生境界，提高做工作的本领。很多好书的精神营养可以内化为自身的素养，激励自己以积极进取、开拓求新的态度做人做事。

黄山学院作为高等教育大发展的产物，从升本开始，就面临着激烈的竞争和严峻的挑战。面对前有标兵、后有追兵的压力，如何办出自己的影响，塑造自己的品牌，这是我思考得较多的一个重大问题。高校发展，一方面要遵循大学的本质和一般规律，另一方面更要有区别于其他大学的特性，尤其是最具个性的特色和亮点。高校能否具有强大的竞争力，很大程度上要看其能否办出特色。特色是学校生存和发展的核心竞争战略，是形成优势和品牌的关键，是一所学校的比较优势和目标价值所在。依据这一办学思想，学校在科学发展观的指导下，分析校情，找准办学定位，突出地域优势，确立了走特色办学之路。经过多年的摸索和实践，形成了自己的办学特色。为使特色发展有清晰的路径和方向，我积极申报并获批省级科研课题“新建本科院校办学特色的实践与创新”，形成了一些理论与实践相结合的文章。

大学作为传承知识、传播和创新文明的文化机构，作为培养人才、塑造灵魂的摇篮，一直充盈着文化浸润和文明熏陶。我认为，管理一所大学，浅层次靠的是领导权威，中层次靠的是规章制度的约束，深层次靠的是师生的文化自觉。营造一种文化氛围，倡导一种精神价值，这是办好一所大学的必然追求。任何一所大学都有自己的大学文化，不同的大学之间的文化有相同点，有交叉点，更有相异点。这种相异点既是特色大学的文化个性，也是有别于其他大学的文化标签。黄山独具特色的地域文化对学校形成办学特色有着重要的作用，它对学校的学科建设、人才培养、社会服务和文化引领四大功能的实现，有着强有力的孕育和滋养作用。

对于独具特色的徽州地域文化，我来黄山学院工作之前，可以说是一无所知，也从未关注过。来到黄山学院工作，有机缘开始接触、熟悉，为它的博大精深和无穷魅力所感染。我像饥饿的孩子见到可口的面包，食不觉饱。在追求大学文化建设的实践中，我觉得这独具特色的营养液，这一无比宝贵的文化资源应该成为兴学强校的财富。为此，我申报了教育部的研究课题“高校校园文化建设研究”，在研究中，将地域文化融合到大学文化发展中，形成了一些理论思考，积累了一些实践经验。

我已年过六十，在岗位奋斗已近尾声。此文集的出版，也算是我在黄山学院工作八年的一个回顾与总结。在成书过程中，得到很多同志的帮助。在安庆师范学院工作时的同事汪青松教授和黄山学院的杰出校友、中央教科院研究员储朝晖博士为此书作序。他们的治学精神令我感佩，也使我受益良多。徽学专家方利山教授和徽学研究所吴兆民老师为我进入徽学领域给予很多指导。学校办公室汪方学、汪恭艳、罗来文等同志给予很多帮助。合肥工业大学出版社副社长朱移山经常予以鼓励和支持。没有上述方方面面的帮助和支持，也就不会有这本小册子的出版。借此书付梓之际，一并表示衷心的谢意。

汪良发

2010年11月于黄山学院

图书在版编目(CIP)数据

地方文化与特色高校建设/汪良发著．—合肥:合肥工业大学出版社,2010.12

ISBN 978-7-5650-0337-0

Ⅰ.①地… Ⅱ.①汪… Ⅲ.①高等学校—学校管理—中国—文集 Ⅳ.①G647-53

中国版本图书馆 CIP 数据核字(2010)第 255851 号

地方文化与特色高校建设

汪良发 著　　责任编辑 朱移山 霍俊橦 郭娟娟

出　版	合肥工业大学出版社	版　次	2010年12月第1版
地　址	合肥市屯溪路193号	印　次	2011年1月第1次印刷
邮　编	230009	开　本	710毫米×1010毫米 1/16
电　话	总编室:0551—2903038	印　张	15
	发行部:0551—2903198	字　数	194千字
网　址	www.hfutpress.com.cn	印　刷	中国科学技术大学印刷厂
E-mail	press@hfutpress.com.cn	发　行	全国新华书店

ISBN 978-7-5650-0337-0　　定价:35.00元